HEYNE <

Nadja Hermann
bloggt seit 2012 auf www.erzaehlmirnix.wordpress.com minimalistische Strichzeichnungen, die sich mit dem alltäglichen Wahnsinn unseres Miteinanders beschäftigen. Eine psychotherapeutische Tätigkeit liefert dabei die Inspiration. Manche der Dialoge sind auch angeregt vom wahren (Ehe)Leben Hermanns.

NADJA HERMANN

ERZÄHL MIR NIX

Wilhelm Heyne Verlag
München

FSC
www.fsc.org
MIX
Papier aus verantwortungsvollen Quellen
FSC® C014496

Penguin Random House Verlagsgruppe FSC® N001967

4. Auflage
Originalausgabe 02/2016

Redaktion: Andrea Kunstmann
Umschlaggestaltung: Nele Schütz Design, München,
unter Verwendung eines Comics von Nadja Hermann
Satz: Satzwerk Huber, Germering
Druck: GGP Media GmbH, Pößneck
Printed in Germany
ISBN: 978-3-453-60370-7

www.heyne.de

Inhalt

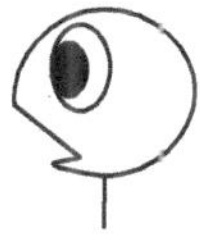

Vorwort

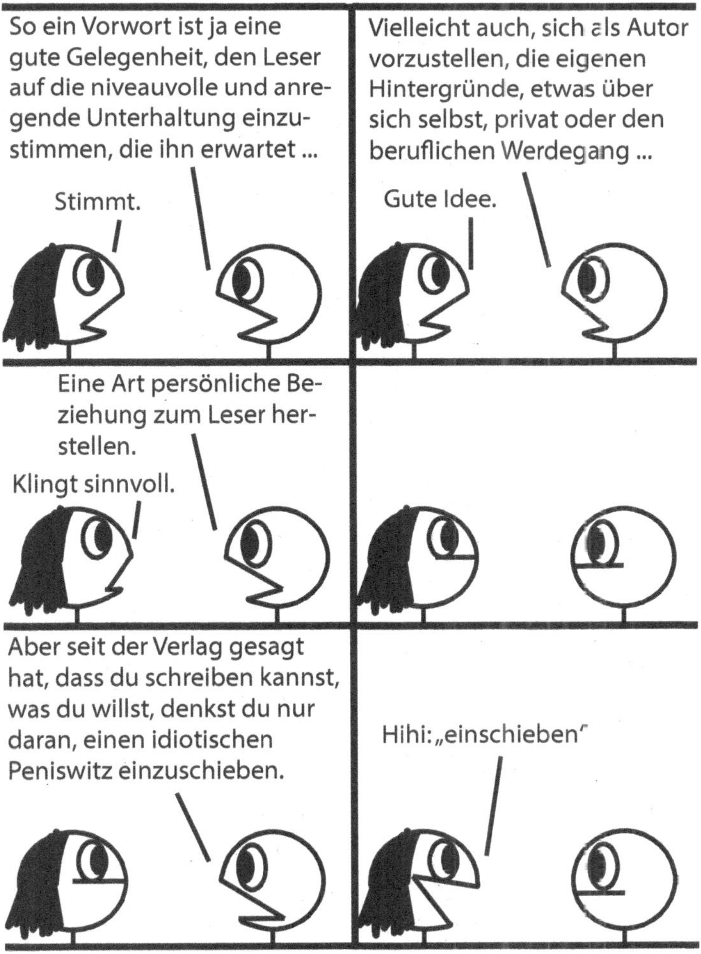
So ein Vorwort ist ja eine gute Gelegenheit, den Leser auf die niveauvolle und anregende Unterhaltung einzustimmen, die ihn erwartet ...
Stimmt.
Vielleicht auch, sich als Autor vorzustellen, die eigenen Hintergründe, etwas über sich selbst, privat oder den beruflichen Werdegang ...
Gute Idee.
Eine Art persönliche Beziehung zum Leser herstellen.
Klingt sinnvoll.
Aber seit der Verlag gesagt hat, dass du schreiben kannst, was du willst, denkst du nur daran, einen idiotischen Peniswitz einzuschieben.
Hihi: „einschieben“

1
Gesellschaftliches

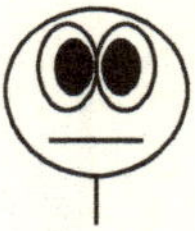

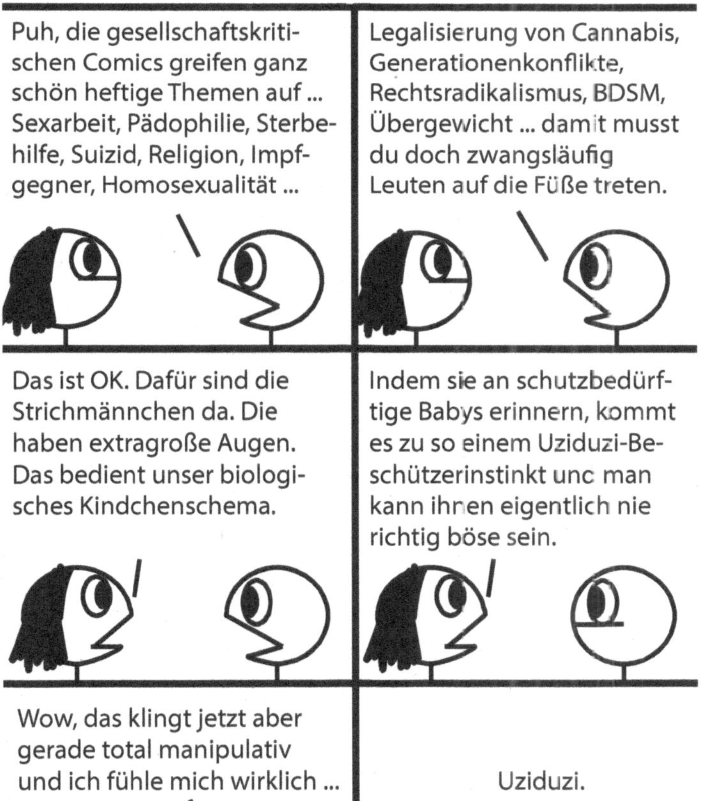
Puh, die gesellschaftskritischen Comics greifen ganz schön heftige Themen auf ... Sexarbeit, Pädophilie, Sterbehilfe, Suizid, Religion, Impfgegner, Homosexualität ...
Legalisierung von Cannabis, Generationenkonflikte, Rechtsradikalismus, BDSM, Übergewicht ... damit musst du doch zwangsläufig Leuten auf die Füße treten.
Das ist OK. Dafür sind die Strichmännchen da. Die haben extragroße Augen. Das bedient unser biologisches Kindchenschema.
Indem sie an schutzbedürftige Babys erinnern, kommt es zu so einem Uziduzi-Beschützerinstinkt und man kann ihnen eigentlich nie richtig böse sein.
Wow, das klingt jetzt aber gerade total manipulativ und ich fühle mich wirklich ...
Uziduzi.

Egal

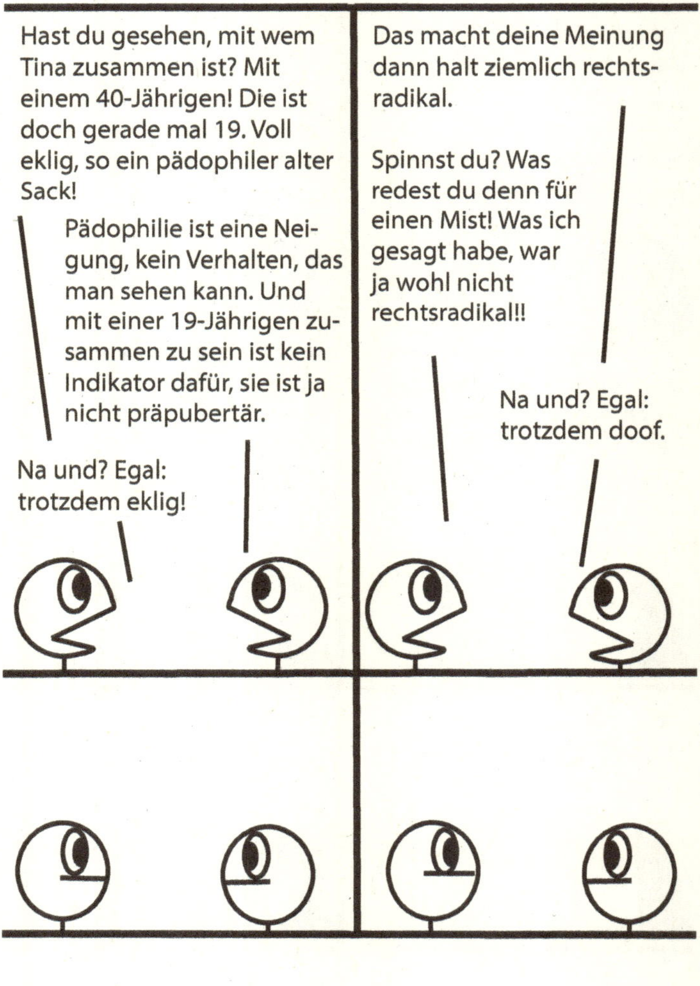
Hast du gesehen, mit wem Tina zusammen ist? Mit einem 40-Jährigen! Die ist doch gerade mal 19. Voll eklig, so ein pädophiler alter Sack!
Pädophilie ist eine Neigung, kein Verhalten, das man sehen kann. Und mit einer 19-Jährigen zusammen zu sein ist kein Indikator dafür, sie ist ja nicht präpubertär.
Na und? Egal: trotzdem eklig!
Das macht deine Meinung dann halt ziemlich rechtsradikal.
Spinnst du? Was redest du denn für einen Mist! Was ich gesagt habe, war ja wohl nicht rechtsradikal!!
Na und? Egal: trotzdem doof.

Helden

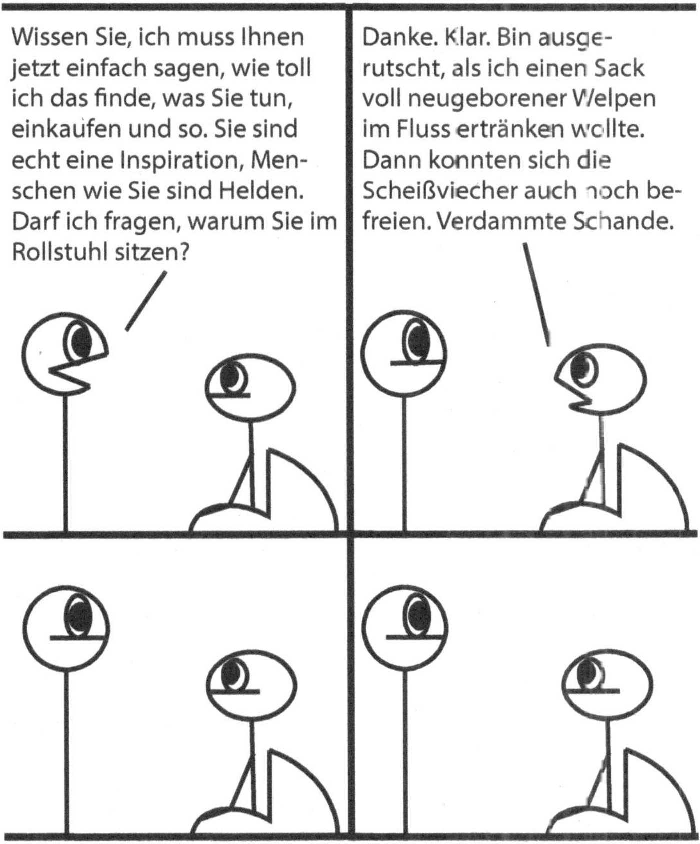
Wissen Sie, ich muss Ihnen jetzt einfach sagen, wie toll ich das finde, was Sie tun, einkaufen und so. Sie sind echt eine Inspiration, Menschen wie Sie sind Helden. Darf ich fragen, warum Sie im Rollstuhl sitzen?
Danke. Klar. Bin ausgerutscht, als ich einen Sack voll neugeborener Welpen im Fluss ertränken wollte. Dann konnten sich die Scheißviecher auch noch befreien. Verdammte Schande.

Auffällig

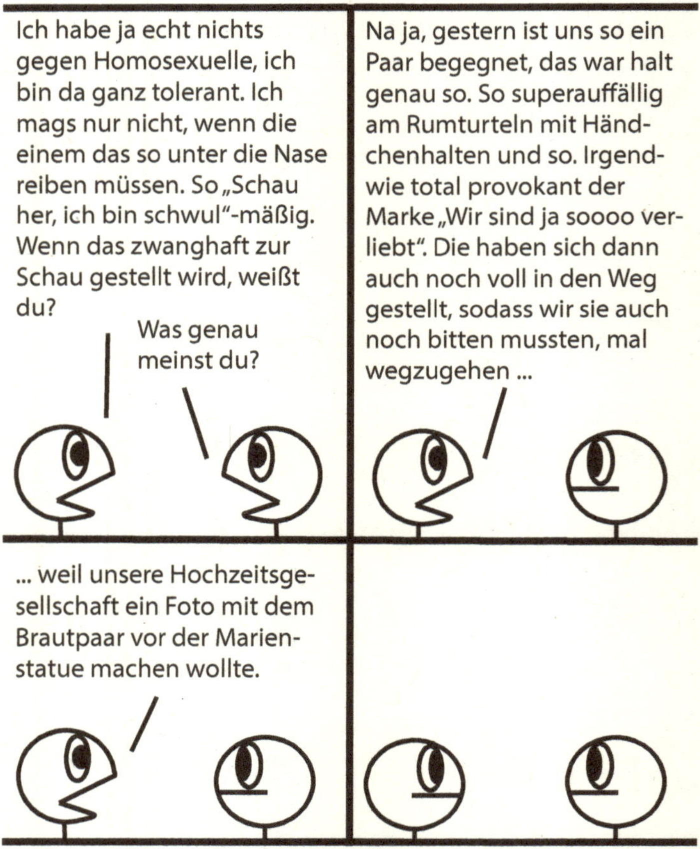
Ich habe ja echt nichts gegen Homosexuelle, ich bin da ganz tolerant. Ich mags nur nicht, wenn die einem das so unter die Nase reiben müssen. So „Schau her, ich bin schwul"-mäßig. Wenn das zwanghaft zur Schau gestellt wird, weißt du?
Was genau meinst du?
Na ja, gestern ist uns so ein Paar begegnet, das war halt genau so. So superauffällig am Rumturteln mit Händchenhalten und so. Irgendwie total provokant der Marke „Wir sind ja soooo verliebt". Die haben sich dann auch noch voll in den Weg gestellt, sodass wir sie auch noch bitten mussten, mal wegzugehen ...
... weil unsere Hochzeitsgesellschaft ein Foto mit dem Brautpaar vor der Marienstatue machen wollte.

Solidarität

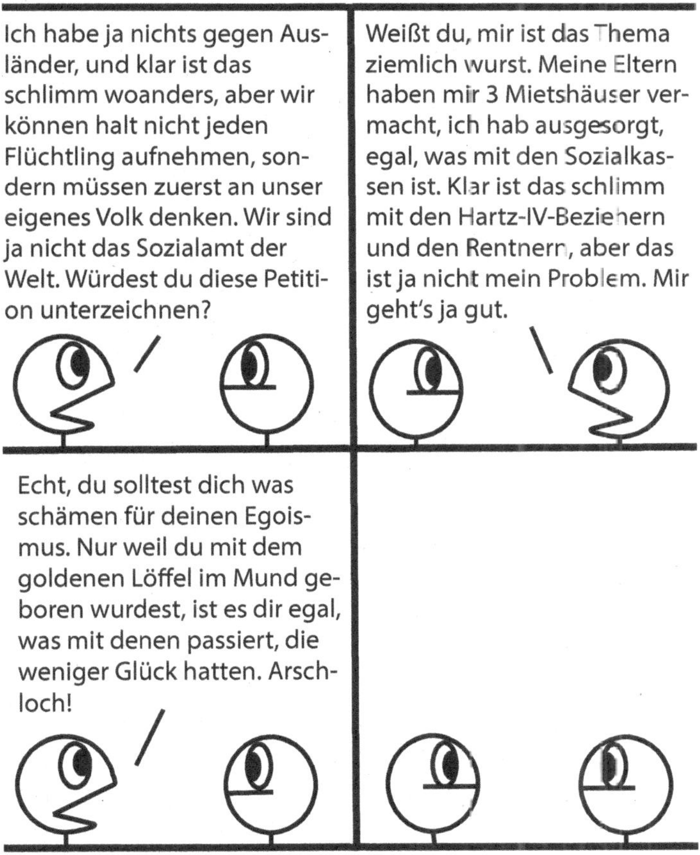
Ich habe ja nichts gegen Ausländer, und klar ist das schlimm woanders, aber wir können halt nicht jeden Flüchtling aufnehmen, sondern müssen zuerst an unser eigenes Volk denken. Wir sind ja nicht das Sozialamt der Welt. Würdest du diese Petition unterzeichnen?
Weißt du, mir ist das Thema ziemlich wurst. Meine Eltern haben mir 3 Mietshäuser vermacht, ich hab ausgesorgt, egal, was mit den Sozialkassen ist. Klar ist das schlimm mit den Hartz-IV-Beziehern und den Rentnern, aber das ist ja nicht mein Problem. Mir geht's ja gut.
Echt, du solltest dich was schämen für deinen Egoismus. Nur weil du mit dem goldenen Löffel im Mund geboren wurdest, ist es dir egal, was mit denen passiert, die weniger Glück hatten. Arschloch!

Einstiegsdroge

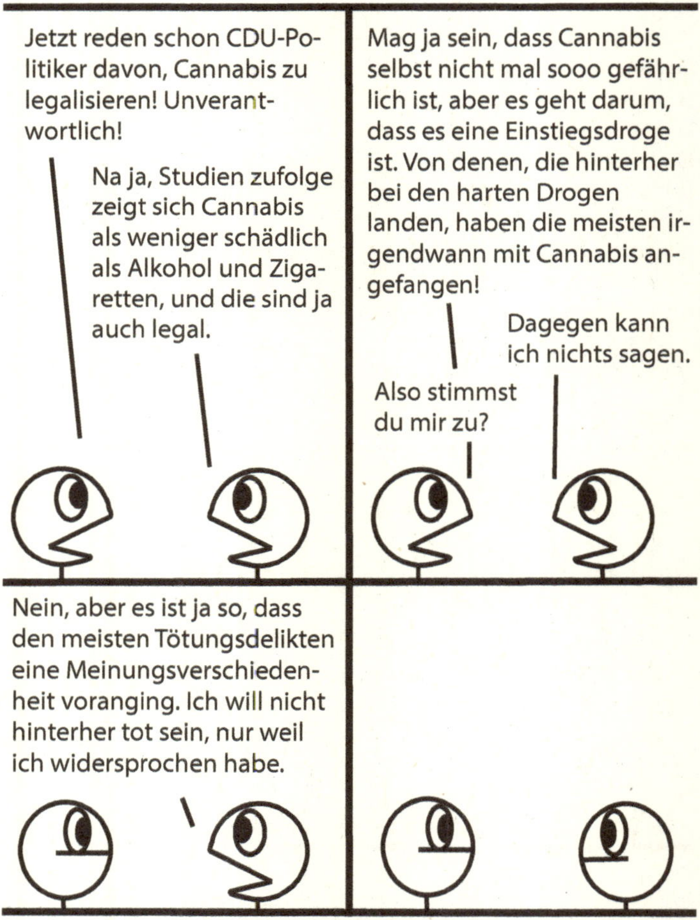
Jetzt reden schon CDU-Politiker davon, Cannabis zu legalisieren! Unverantwortlich!
Na ja, Studien zufolge zeigt sich Cannabis als weniger schädlich als Alkohol und Zigaretten, und die sind ja auch legal.
Mag ja sein, dass Cannabis selbst nicht mal sooo gefährlich ist, aber es geht darum, dass es eine Einstiegsdroge ist. Von denen, die hinterher bei den harten Drogen landen, haben die meisten irgendwann mit Cannabis angefangen!
Dagegen kann ich nichts sagen.
Also stimmst du mir zu?
Nein, aber es ist ja so, dass den meisten Tötungsdelikten eine Meinungsverschiedenheit voranging. Ich will nicht hinterher tot sein, nur weil ich widersprochen habe.

Inspirierend

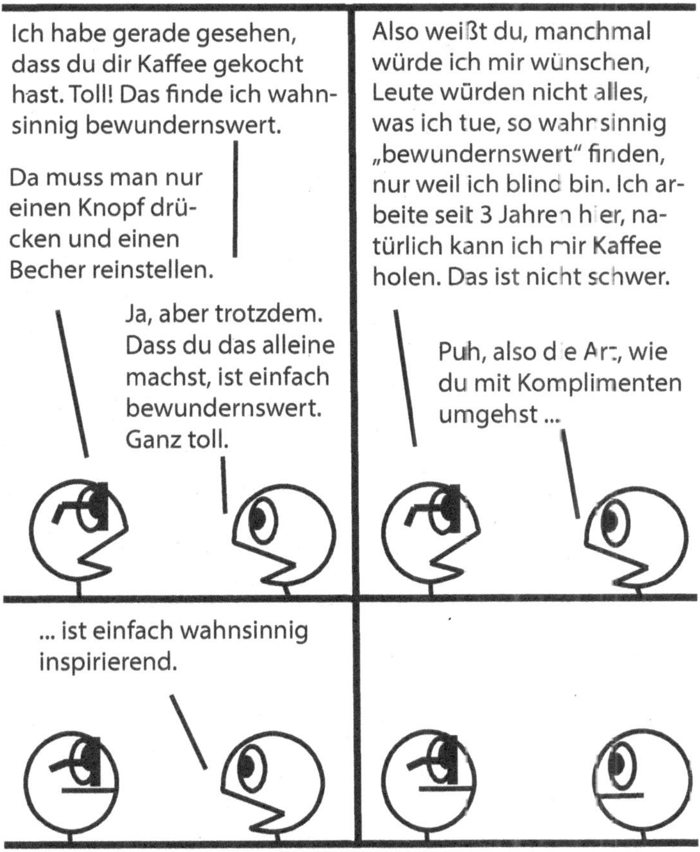
Ich habe gerade gesehen, dass du dir Kaffee gekocht hast. Toll! Das finde ich wahnsinnig bewundernswert.
Da muss man nur einen Knopf drücken und einen Becher reinstellen.
Ja, aber trotzdem. Dass du das alleine machst, ist einfach bewundernswert. Ganz toll.
Also weißt du, manchmal würde ich mir wünschen, Leute würden nicht alles, was ich tue, so wahnsinnig „bewundernswert“ finden, nur weil ich blind bin. Ich arbeite seit 3 Jahren hier, natürlich kann ich mir Kaffee holen. Das ist nicht schwer.
Puh, also die Art, wie du mit Komplimenten umgehst ...
... ist einfach wahnsinnig inspirierend.

Stolz

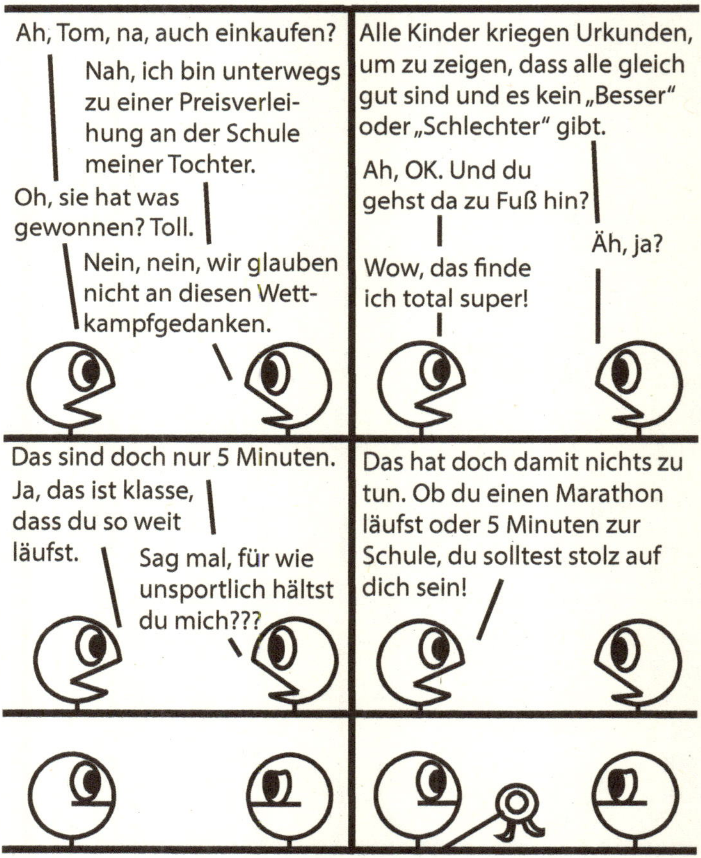
Ah, Tom, na, auch einkaufen?
Nah, ich bin unterwegs zu einer Preisverleihung an der Schule meiner Tochter.
Oh, sie hat was gewonnen? Toll.
Nein, nein, wir glauben nicht an diesen Wettkampfgedanken.
Alle Kinder kriegen Urkunden, um zu zeigen, dass alle gleich gut sind und es kein „Besser" oder „Schlechter" gibt.
Ah, OK. Und du gehst da zu Fuß hin?
Äh, ja?
Wow, das finde ich total super!
Das sind doch nur 5 Minuten.
Ja, das ist klasse, dass du so weit läufst.
Sag mal, für wie unsportlich hältst du mich???
Das hat doch damit nichts zu tun. Ob du einen Marathon läufst oder 5 Minuten zur Schule, du solltest stolz auf dich sein!

Nationalstolz

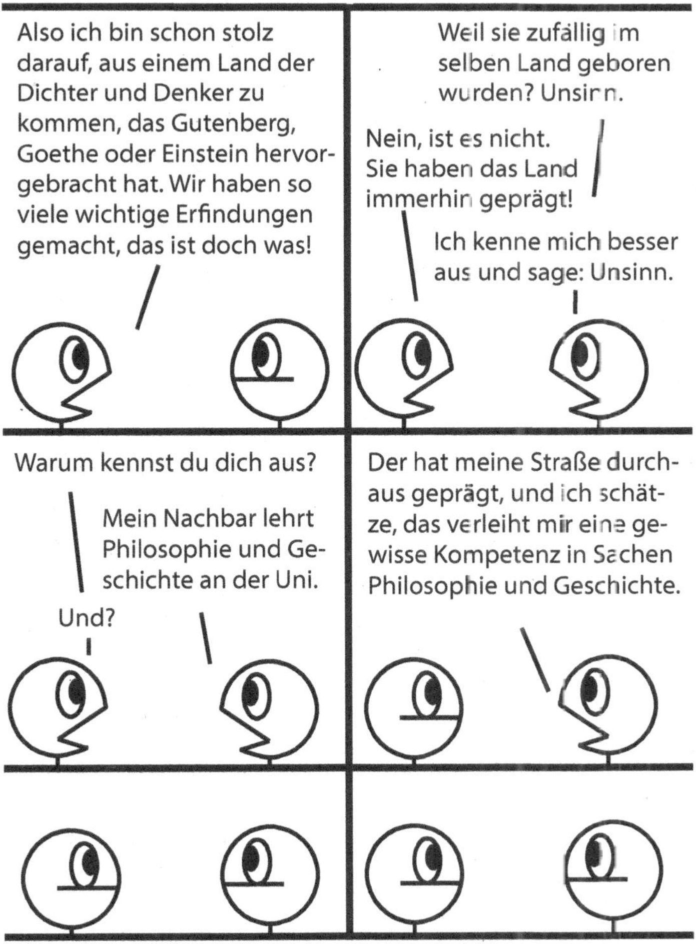
Also ich bin schon stolz darauf, aus einem Land der Dichter und Denker zu kommen, das Gutenberg, Goethe oder Einstein hervorgebracht hat. Wir haben so viele wichtige Erfindungen gemacht, das ist doch was!
Weil sie zufällig im selben Land geboren wurden? Unsinn.
Nein, ist es nicht. Sie haben das Land immerhin geprägt!
Ich kenne mich besser aus und sage: Unsinn.
Warum kennst du dich aus?
Mein Nachbar lehrt Philosophie und Geschichte an der Uni.
Und?
Der hat meine Straße durchaus geprägt, und ich schätze, das verleiht mir eine gewisse Kompetenz in Sachen Philosophie und Geschichte.

Trans

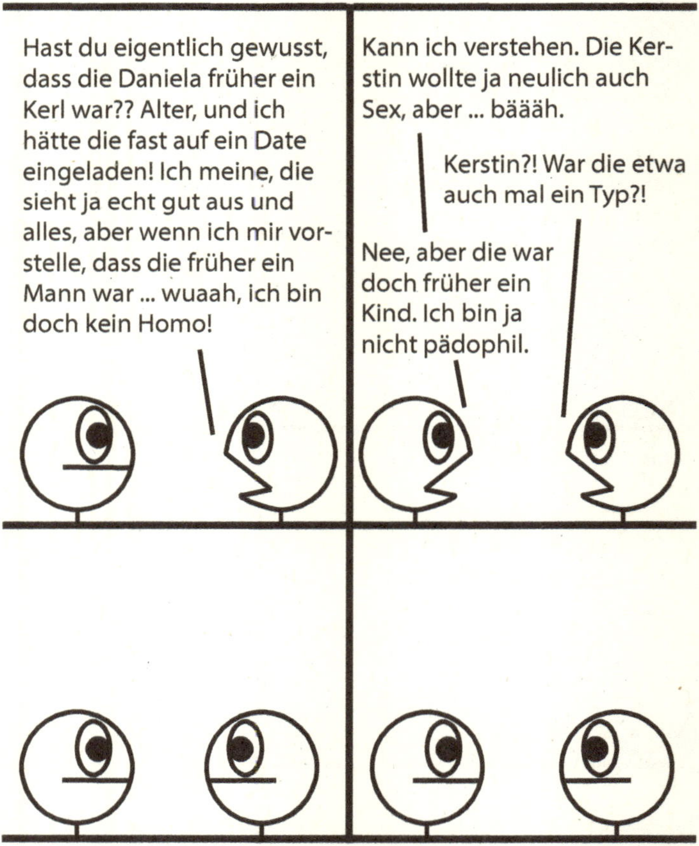
Hast du eigentlich gewusst, dass die Daniela früher ein Kerl war?? Alter, und ich hätte die fast auf ein Date eingeladen! Ich meine, die sieht ja echt gut aus und alles, aber wenn ich mir vorstelle, dass die früher ein Mann war ... wuaah, ich bin doch kein Homo!
Kann ich verstehen. Die Kerstin wollte ja neulich auch Sex, aber ... bääääh.
Kerstin?! War die etwa auch mal ein Typ?!
Nee, aber die war doch früher ein Kind. Ich bin ja nicht pädophil.

Aktivismus

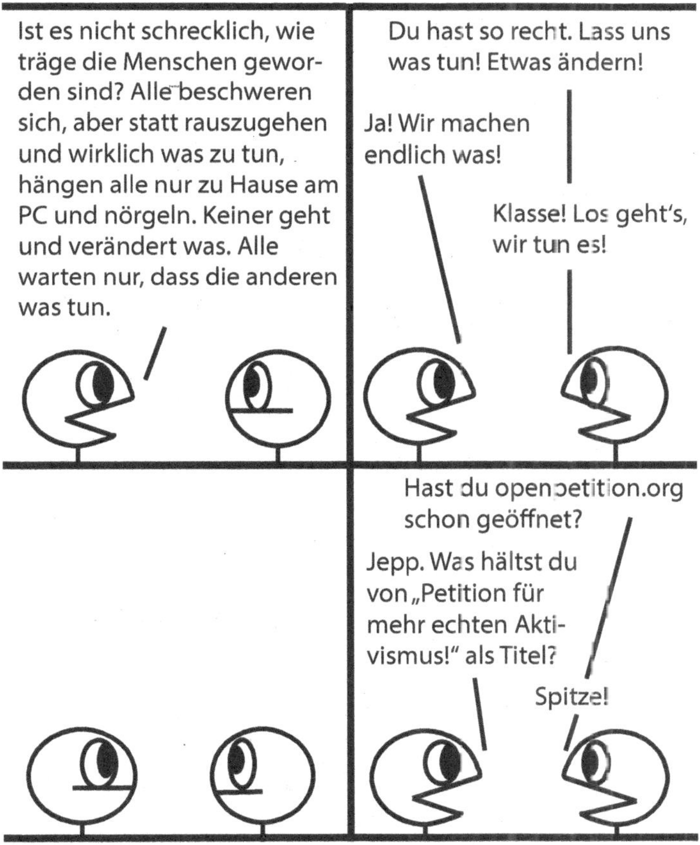
Ist es nicht schrecklich, wie träge die Menschen geworden sind? Alle beschweren sich, aber statt rauszugehen und wirklich was zu tun, hängen alle nur zu Hause am PC und nörgeln. Keiner geht und verändert was. Alle warten nur, dass die anderen was tun.
Du hast so recht. Lass uns was tun! Etwas ändern!
Ja! Wir machen endlich was!
Klasse! Los geht's, wir tun es!
Hast du openpetition.org schon geöffnet?
Jepp. Was hältst du von „Petition für mehr echten Aktivismus!" als Titel?
Spitze!

Auslegungssache

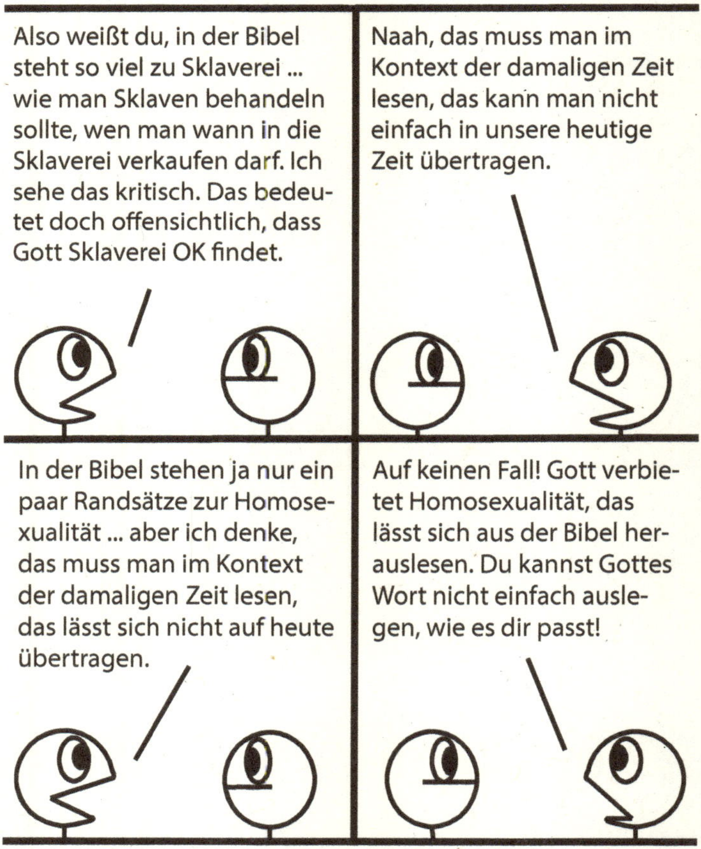
Also weißt du, in der Bibel steht so viel zu Sklaverei ... wie man Sklaven behandeln sollte, wen man wann in die Sklaverei verkaufen darf. Ich sehe das kritisch. Das bedeutet doch offensichtlich, dass Gott Sklaverei OK findet.
Naah, das muss man im Kontext der damaligen Zeit lesen, das kann man nicht einfach in unsere heutige Zeit übertragen.
In der Bibel stehen ja nur ein paar Randsätze zur Homosexualität ... aber ich denke, das muss man im Kontext der damaligen Zeit lesen, das lässt sich nicht auf heute übertragen.
Auf keinen Fall! Gott verbietet Homosexualität, das lässt sich aus der Bibel herauslesen. Du kannst Gottes Wort nicht einfach auslegen, wie es dir passt!

Kein Unterbrecher

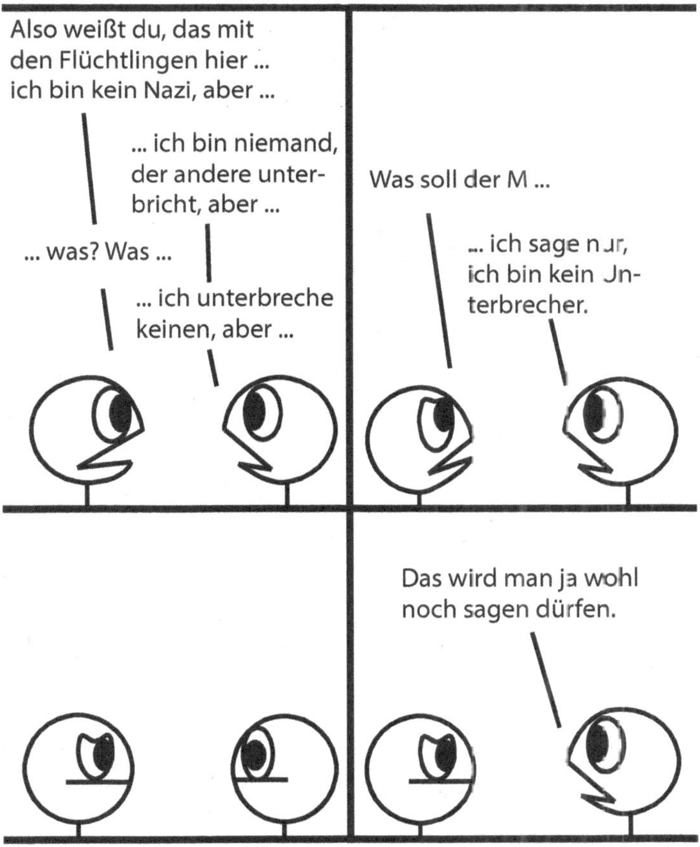
Also weißt du, das mit den Flüchtlingen hier ... ich bin kein Nazi, aber ...
... ich bin niemand, der andere unterbricht, aber ...
... was? Was ...
... ich unterbreche keinen, aber ...
Was soll der M ...
... ich sage nur, ich bin kein Unterbrecher.
Das wird man ja wohl noch sagen dürfen.

Warten

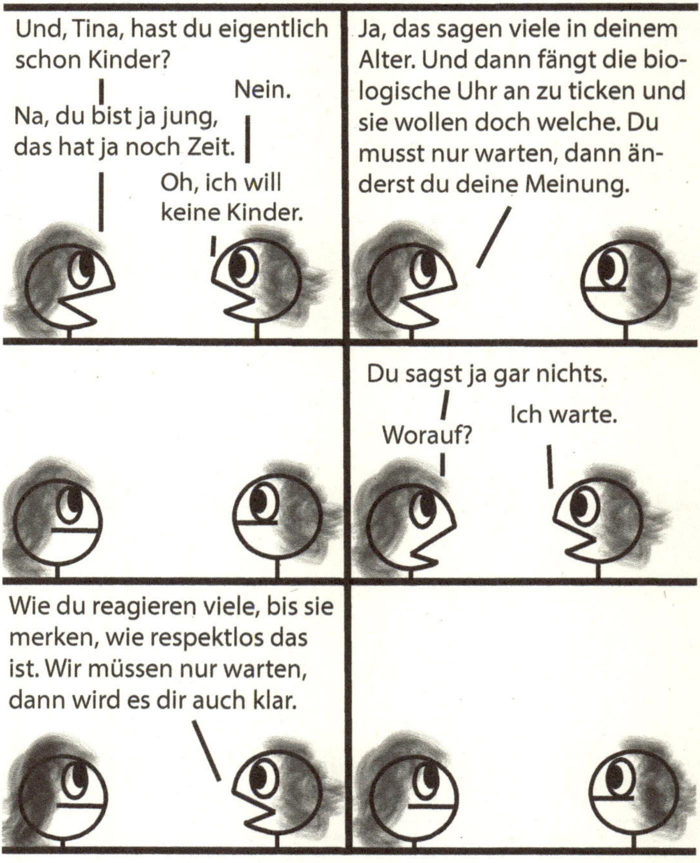
Und, Tina, hast du eigentlich schon Kinder?
Nein.
Na, du bist ja jung, das hat ja noch Zeit.
Oh, ich will keine Kinder.
Ja, das sagen viele in deinem Alter. Und dann fängt die biologische Uhr an zu ticken und sie wollen doch welche. Du musst nur warten, dann änderst du deine Meinung.
Du sagst ja gar nichts.
Worauf?
Ich warte.
Wie du reagieren viele, bis sie merken, wie respektlos das ist. Wir müssen nur warten, dann wird es dir auch klar.

Schlampe

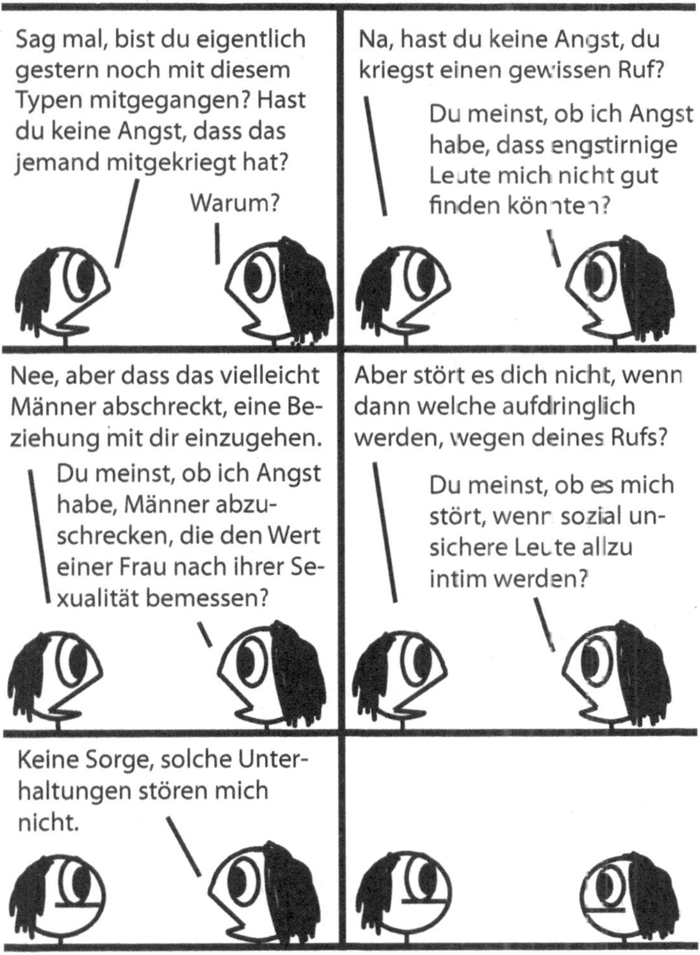
Sag mal, bist du eigentlich gestern noch mit diesem Typen mitgegangen? Hast du keine Angst, dass das jemand mitgekriegt hat?
Warum?
Na, hast du keine Angst, du kriegst einen gewissen Ruf?
Du meinst, ob ich Angst habe, dass engstirnige Leute mich nicht gut finden könnten?
Nee, aber dass das vielleicht Männer abschreckt, eine Beziehung mit dir einzugehen.
Du meinst, ob ich Angst habe, Männer abzuschrecken, die den Wert einer Frau nach ihrer Sexualität bemessen?
Aber stört es dich nicht, wenn dann welche aufdringlich werden, wegen deines Rufs?
Du meinst, ob es mich stört, wenn sozial unsichere Leute allzu intim werden?
Keine Sorge, solche Unterhaltungen stören mich nicht.

BDSM

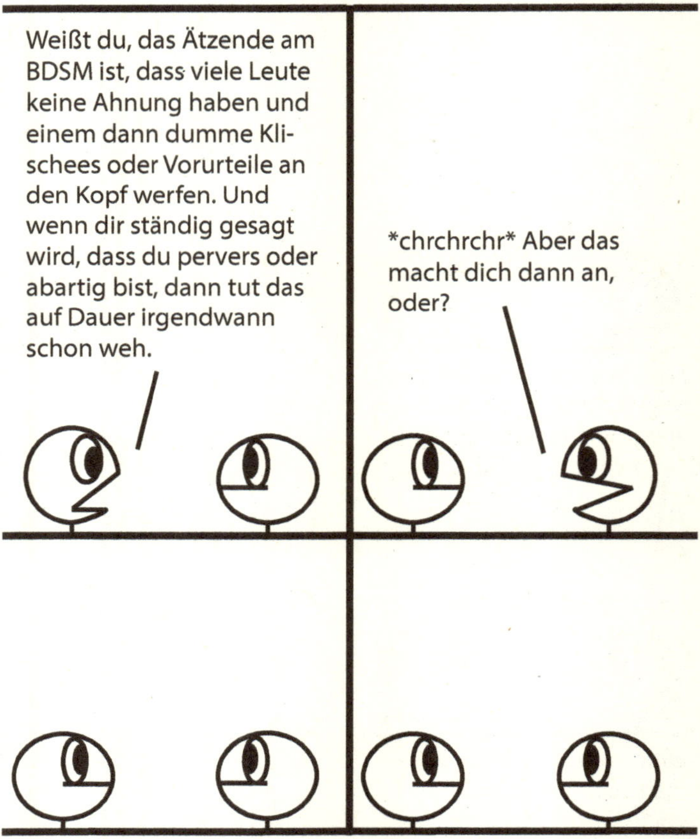
Weißt du, das Ätzende am BDSM ist, dass viele Leute keine Ahnung haben und einem dann dumme Klischees oder Vorurteile an den Kopf werfen. Und wenn dir ständig gesagt wird, dass du pervers oder abartig bist, dann tut das auf Dauer irgendwann schon weh.
chrchrchr Aber das macht dich dann an, oder?

Frauenhilfe

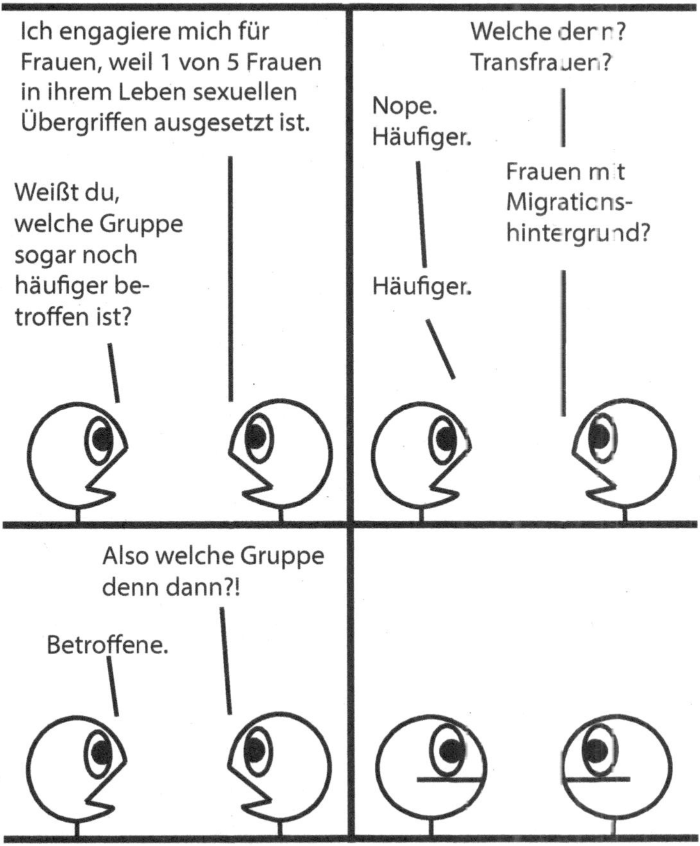
Ich engagiere mich für Frauen, weil 1 von 5 Frauen in ihrem Leben sexuellen Übergriffen ausgesetzt ist.
Weißt du, welche Gruppe sogar noch häufiger betroffen ist?
Welche denn? Transfrauen?
Nope. Häufiger.
Frauen mit Migrationshintergrund?
Häufiger.
Also welche Gruppe denn dann?!
Betroffene.

Schuld

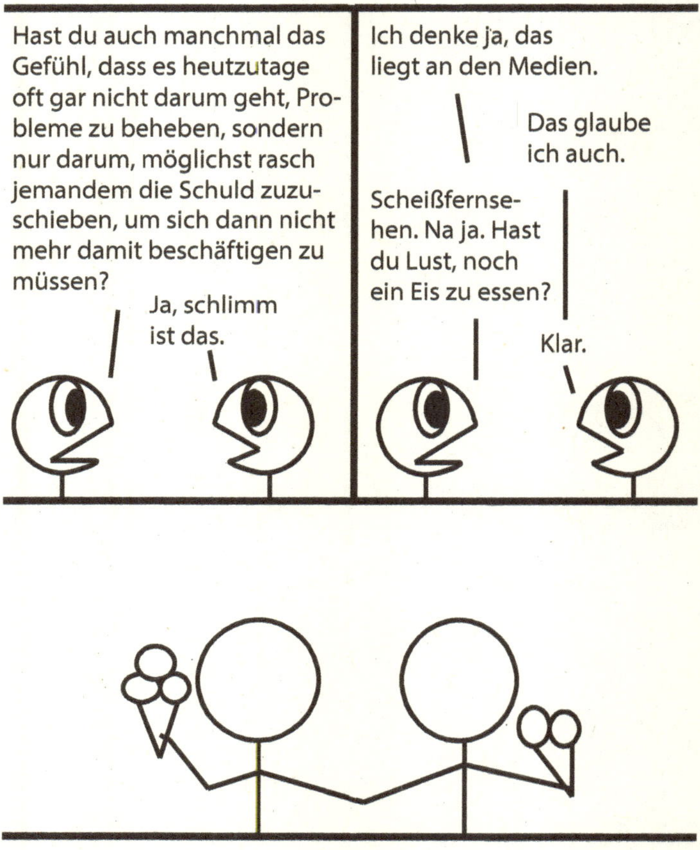
Hast du auch manchmal das Gefühl, dass es heutzutage oft gar nicht darum geht, Probleme zu beheben, sondern nur darum, möglichst rasch jemandem die Schuld zuzuschieben, um sich dann nicht mehr damit beschäftigen zu müssen?
Ja, schlimm ist das.
Ich denke ja, das liegt an den Medien.
Das glaube ich auch.
Scheißfernsehen. Na ja. Hast du Lust, noch ein Eis zu essen?
Klar.

Kinder

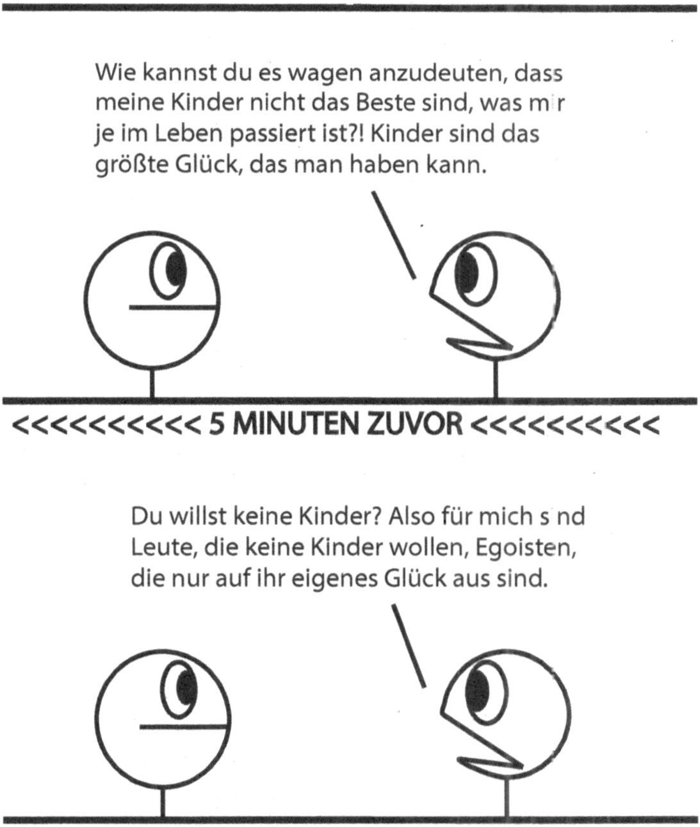
Wie kannst du es wagen anzudeuten, dass meine Kinder nicht das Beste sind, was mir je im Leben passiert ist?! Kinder sind das größte Glück, das man haben kann.
<<<<<<<<<<< 5 MINUTEN ZUVOR <<<<<<<<<<<
Du willst keine Kinder? Also für mich sind Leute, die keine Kinder wollen, Egoisten, die nur auf ihr eigenes Glück aus sind.

Belästigend

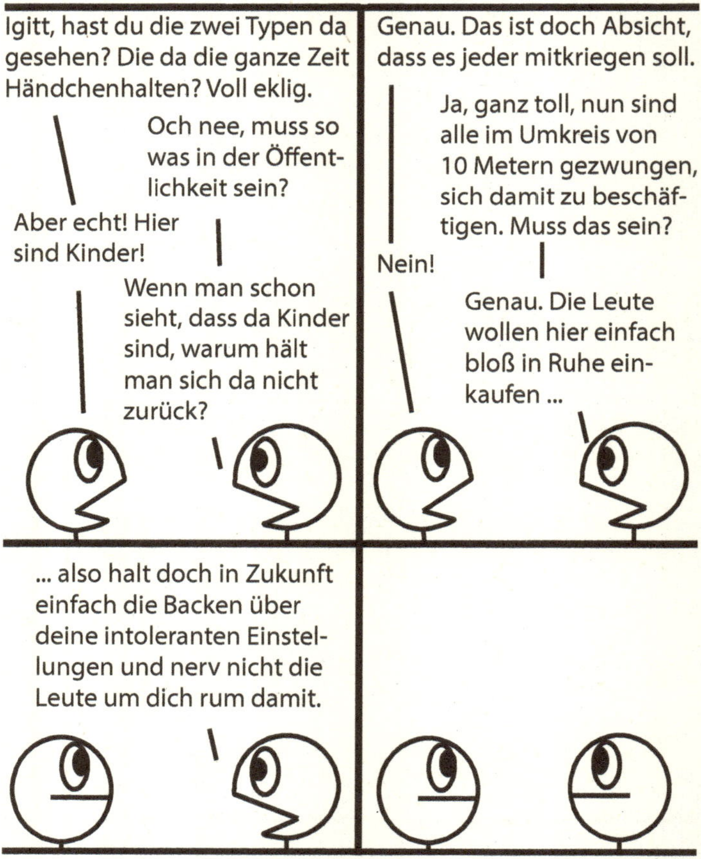

Igitt, hast du die zwei Typen da gesehen? Die da die ganze Zeit Händchenhalten? Voll eklig.
Och nee, muss so was in der Öffentlichkeit sein?
Aber echt! Hier sind Kinder!
Wenn man schon sieht, dass da Kinder sind, warum hält man sich da nicht zurück?
Genau. Das ist doch Absicht, dass es jeder mitkriegen soll.
Ja, ganz toll, nun sind alle im Umkreis von 10 Metern gezwungen, sich damit zu beschäftigen. Muss das sein?
Nein!
Genau. Die Leute wollen hier einfach bloß in Ruhe einkaufen ...
... also halt doch in Zukunft einfach die Backen über deine intoleranten Einstellungen und nerv nicht die Leute um dich rum damit.

Warrglblarrgl

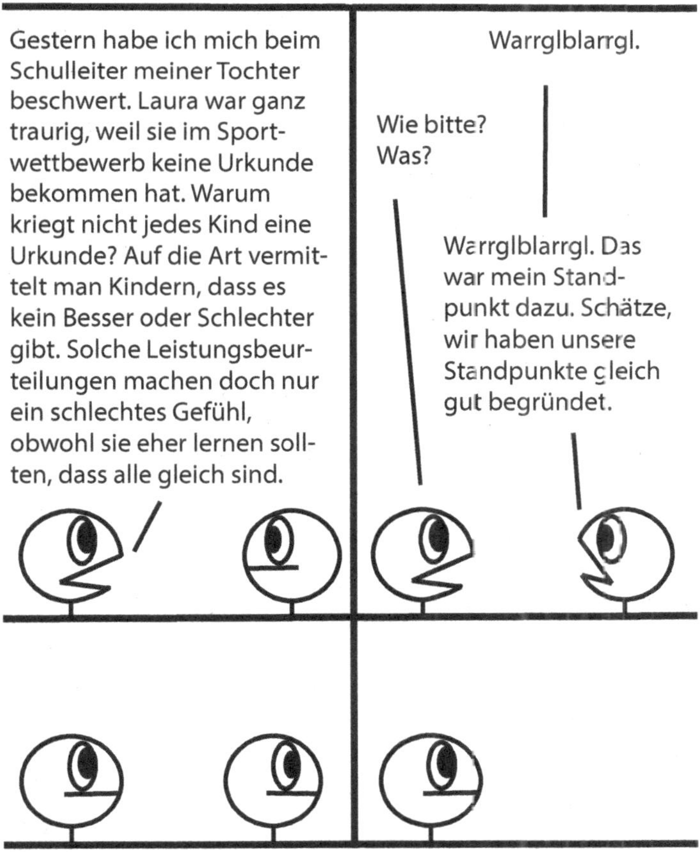

Gestern habe ich mich beim Schulleiter meiner Tochter beschwert. Laura war ganz traurig, weil sie im Sportwettbewerb keine Urkunde bekommen hat. Warum kriegt nicht jedes Kind eine Urkunde? Auf die Art vermittelt man Kindern, dass es kein Besser oder Schlechter gibt. Solche Leistungsbeurteilungen machen doch nur ein schlechtes Gefühl, obwohl sie eher lernen sollten, dass alle gleich sind.
Warrglblarrgl.
Wie bitte? Was?
Warrglblarrgl. Das war mein Standpunkt dazu. Schätze, wir haben unsere Standpunkte gleich gut begründet.

Arbeitsprobleme

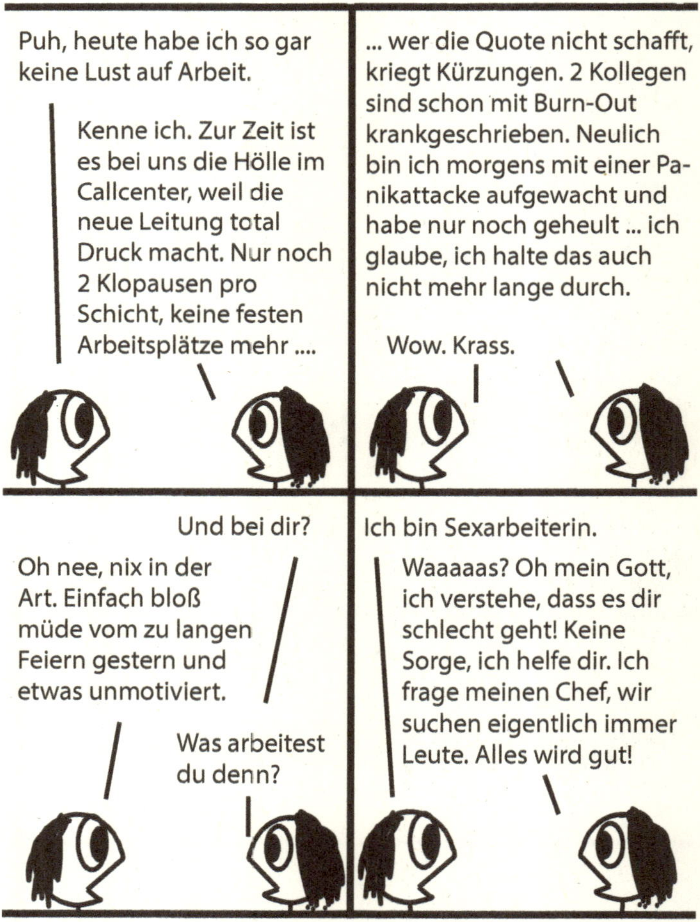

Puh, heute habe ich so gar keine Lust auf Arbeit.
Kenne ich. Zur Zeit ist es bei uns die Hölle im Callcenter, weil die neue Leitung total Druck macht. Nur noch 2 Klopausen pro Schicht, keine festen Arbeitsplätze mehr ....
... wer die Quote nicht schafft, kriegt Kürzungen. 2 Kollegen sind schon mit Burn-Out krankgeschrieben. Neulich bin ich morgens mit einer Panikattacke aufgewacht und habe nur noch geheult ... ich glaube, ich halte das auch nicht mehr lange durch.
Wow. Krass.
Und bei dir?
Oh nee, nix in der Art. Einfach bloß müde vom zu langen Feiern gestern und etwas unmotiviert.
Was arbeitest du denn?
Ich bin Sexarbeiterin.
Waaaaas? Oh mein Gott, ich verstehe, dass es dir schlecht geht! Keine Sorge, ich helfe dir. Ich frage meinen Chef, wir suchen eigentlich immer Leute. Alles wird gut!

Poker

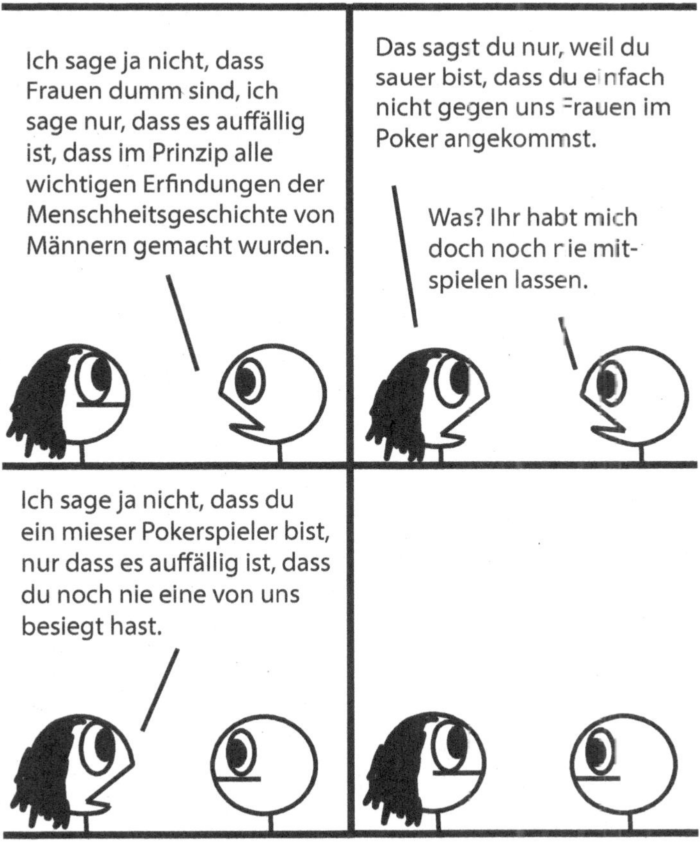
Ich sage ja nicht, dass Frauen dumm sind, ich sage nur, dass es auffällig ist, dass im Prinzip alle wichtigen Erfindungen der Menschheitsgeschichte von Männern gemacht wurden.
Das sagst du nur, weil du sauer bist, dass du einfach nicht gegen uns Frauen im Poker angekommst.
Was? Ihr habt mich doch noch nie mit-spielen lassen.
Ich sage ja nicht, dass du ein mieser Pokerspieler bist, nur dass es auffällig ist, dass du noch nie eine von uns besiegt hast.

Unnormal

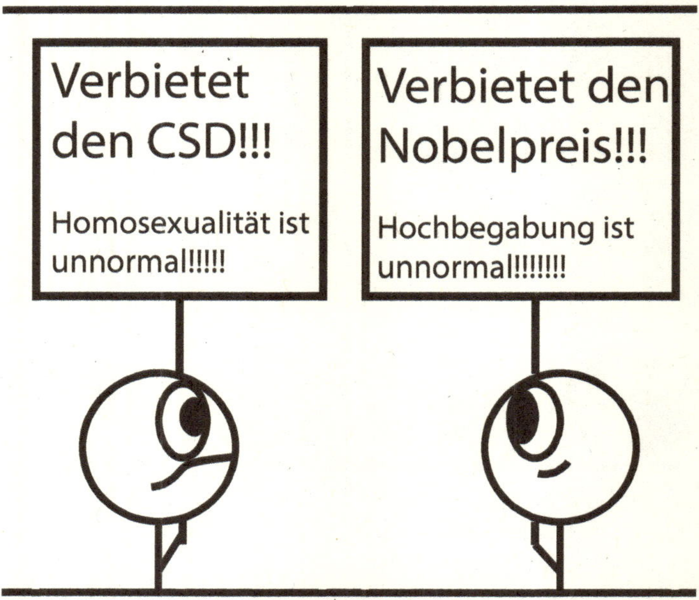
Verbietet den CSD!!!
Homosexualität ist unnormal!!!!!!
Verbietet den Nobelpreis!!!
Hochbegabung ist unnormal!!!!!!!!

Feminist

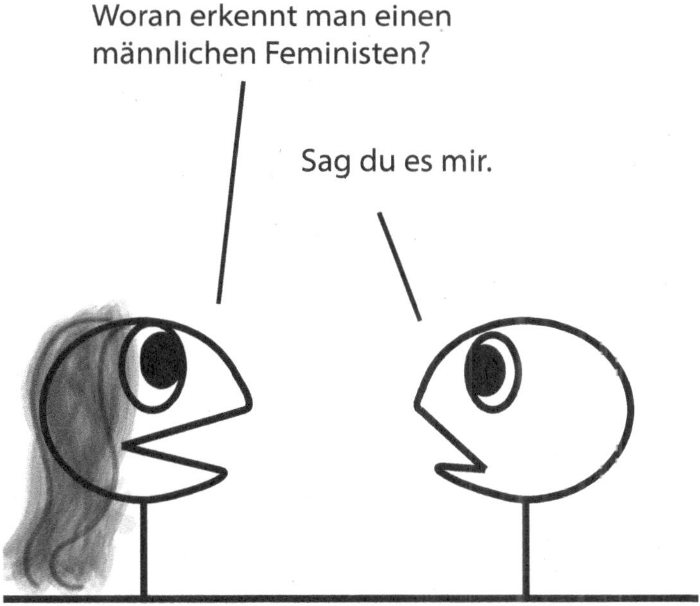
Woran erkennt man einen männlichen Feministen?
Sag du es mir.

Lügenpresse

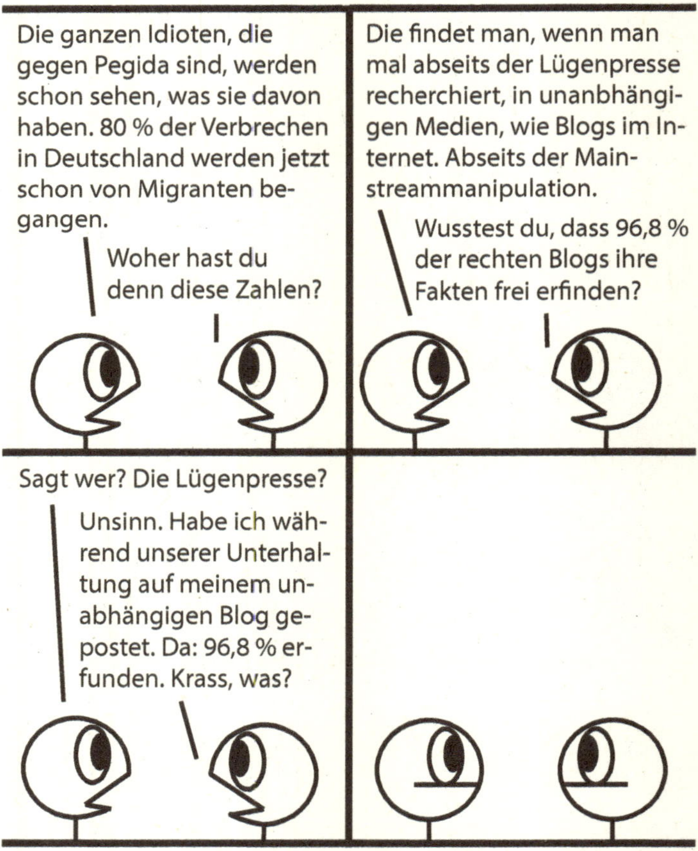
Die ganzen Idioten, die gegen Pegida sind, werden schon sehen, was sie davon haben. 80 % der Verbrechen in Deutschland werden jetzt schon von Migranten begangen.
Woher hast du denn diese Zahlen?
Die findet man, wenn man mal abseits der Lügenpresse recherchiert, in unanbhängigen Medien, wie Blogs im Internet. Abseits der Mainstreammanipulation.
Wusstest du, dass 96,8 % der rechten Blogs ihre Fakten frei erfinden?
Sagt wer? Die Lügenpresse?
Unsinn. Habe ich während unserer Unterhaltung auf meinem unabhängigen Blog gepostet. Da: 96,8 % erfunden. Krass, was?

Aufreizend

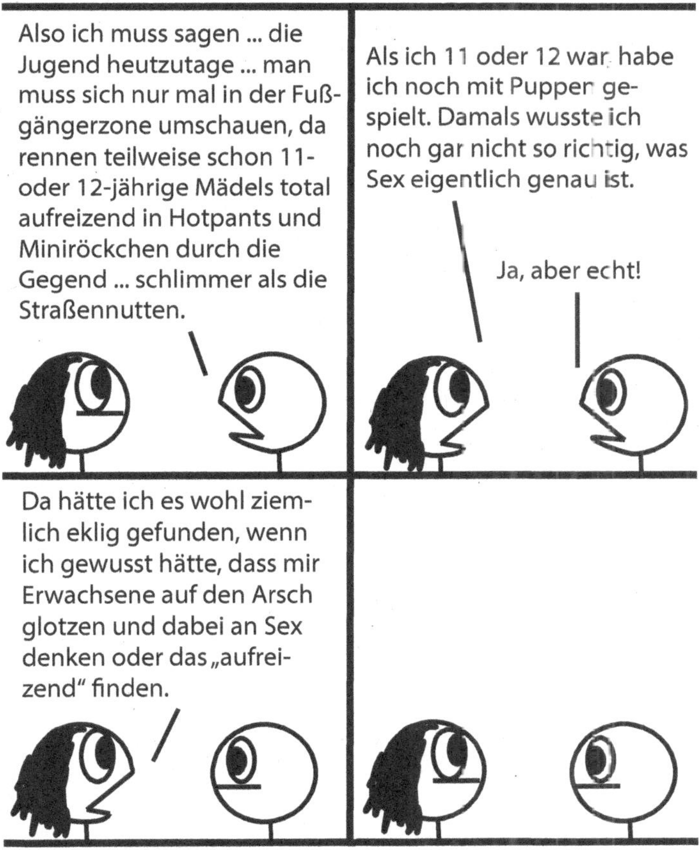
Also ich muss sagen ... die Jugend heutzutage ... man muss sich nur mal in der Fußgängerzone umschauen, da rennen teilweise schon 11- oder 12-jährige Mädels total aufreizend in Hotpants und Miniröckchen durch die Gegend ... schlimmer als die Straßennutten.
Als ich 11 oder 12 war, habe ich noch mit Puppen gespielt. Damals wusste ich noch gar nicht so richtig, was Sex eigentlich genau ist.
Ja, aber echt!
Da hätte ich es wohl ziemlich eklig gefunden, wenn ich gewusst hätte, dass mir Erwachsene auf den Arsch glotzen und dabei an Sex denken oder das „aufreizend" finden.

Freiwillig

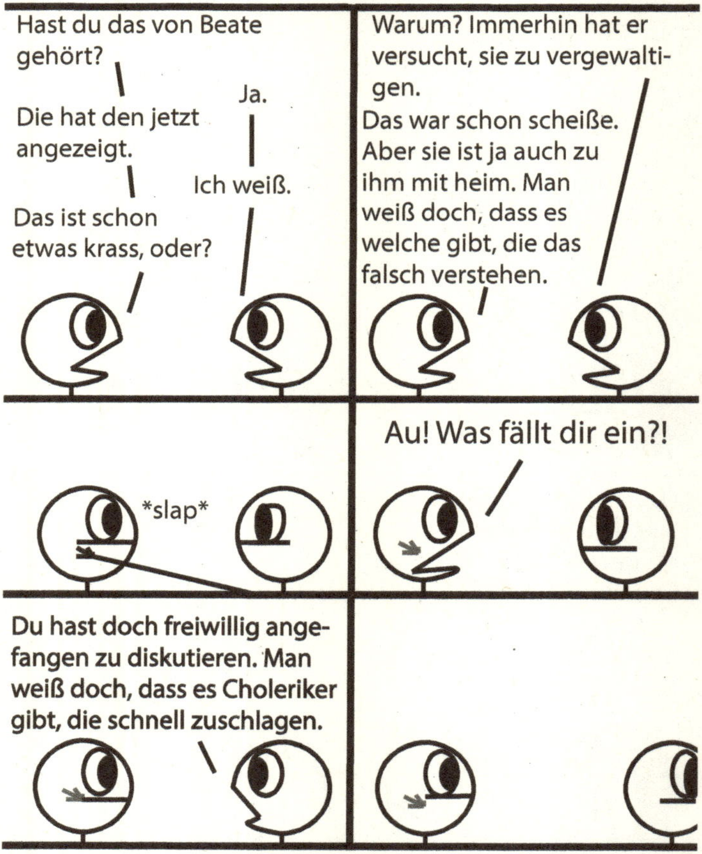
Hast du das von Beate gehört?
Ja.
Die hat den jetzt angezeigt.
Ich weiß.
Das ist schon etwas krass, oder?
Warum? Immerhin hat er versucht, sie zu vergewaltigen.
Das war schon scheiße. Aber sie ist ja auch zu ihm mit heim. Man weiß doch, dass es welche gibt, die das falsch verstehen.
slap
Au! Was fällt dir ein?!
Du hast doch freiwillig angefangen zu diskutieren. Man weiß doch, dass es Choleriker gibt, die schnell zuschlagen.

Geschenk

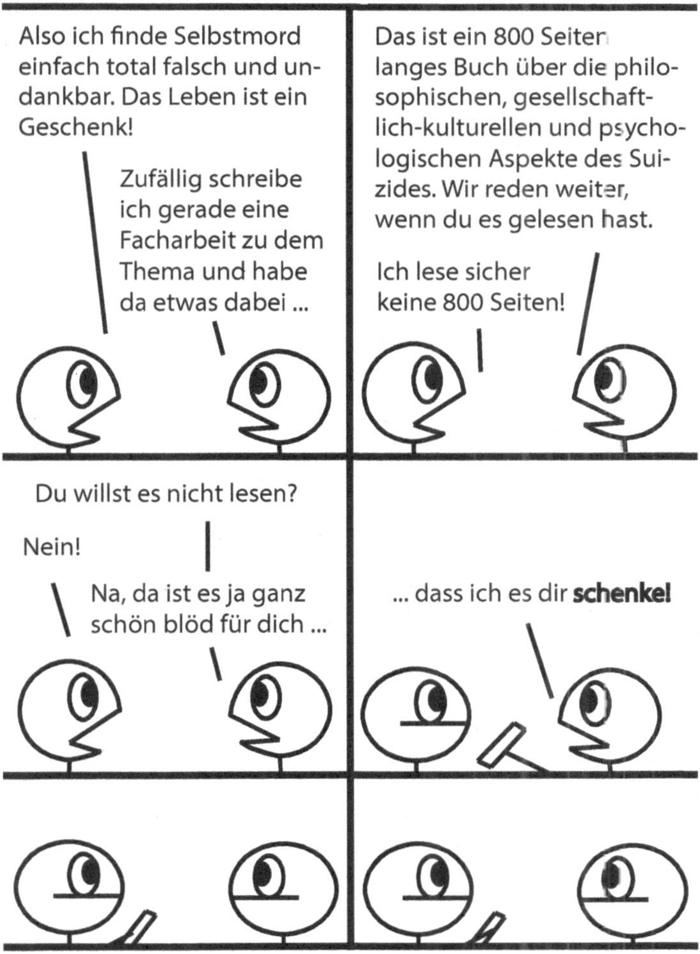
Also ich finde Selbstmord einfach total falsch und undankbar. Das Leben ist ein Geschenk!
Zufällig schreibe ich gerade eine Facharbeit zu dem Thema und habe da etwas dabei ...
Das ist ein 800 Seiten langes Buch über die philosophischen, gesellschaftlich-kulturellen und psychologischen Aspekte des Suizides. Wir reden weiter, wenn du es gelesen hast.
Ich lese sicher keine 800 Seiten!
Du willst es nicht lesen?
Nein!
Na, da ist es ja ganz schön blöd für dich ...
... dass ich es dir **schenke!**

Meinungsfreiheit

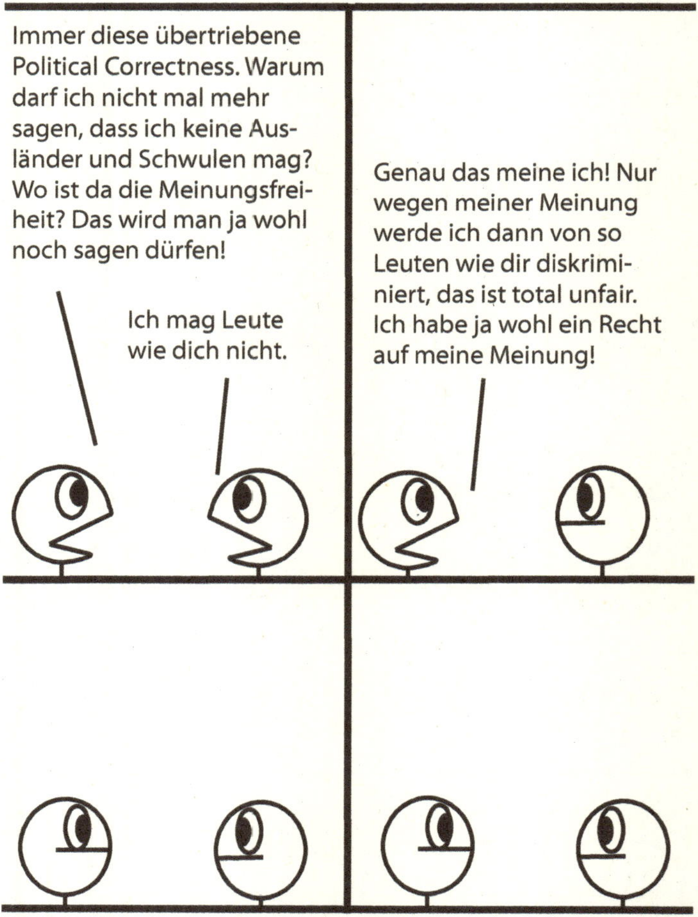
Immer diese übertriebene Political Correctness. Warum darf ich nicht mal mehr sagen, dass ich keine Ausländer und Schwulen mag? Wo ist da die Meinungsfreiheit? Das wird man ja wohl noch sagen dürfen!
Ich mag Leute wie dich nicht.
Genau das meine ich! Nur wegen meiner Meinung werde ich dann von so Leuten wie dir diskriminiert, das ist total unfair. Ich habe ja wohl ein Recht auf meine Meinung!

Neigungen

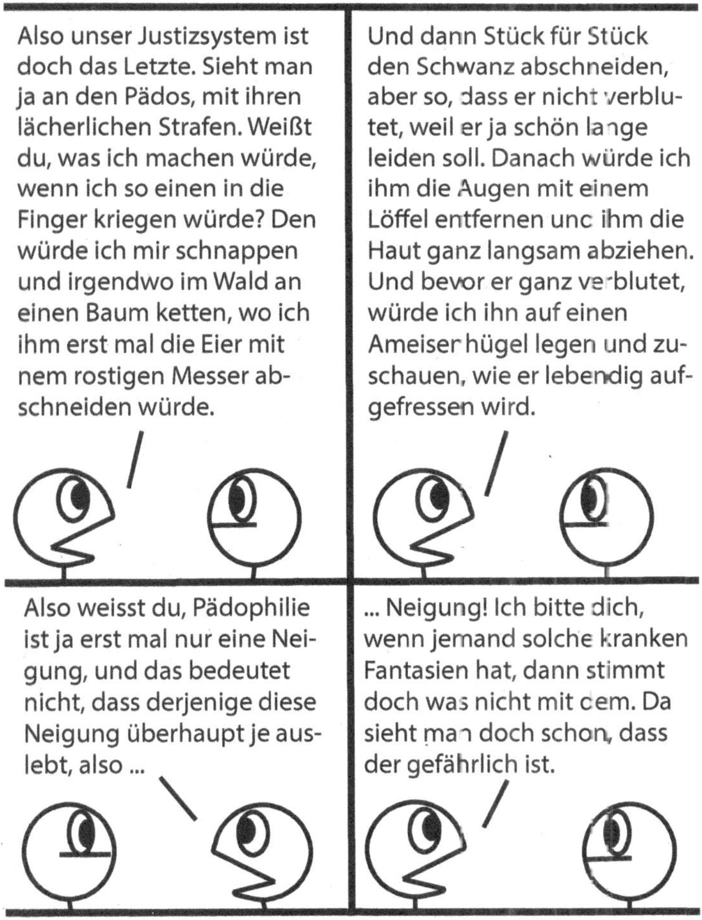
Also unser Justizsystem ist doch das Letzte. Sieht man ja an den Pädos, mit ihren lächerlichen Strafen. Weißt du, was ich machen würde, wenn ich so einen in die Finger kriegen würde? Den würde ich mir schnappen und irgendwo im Wald an einen Baum ketten, wo ich ihm erst mal die Eier mit nem rostigen Messer abschneiden würde.
Und dann Stück für Stück den Schwanz abschneiden, aber so, dass er nicht verblutet, weil er ja schön lange leiden soll. Danach würde ich ihm die Augen mit einem Löffel entfernen und ihm die Haut ganz langsam abziehen. Und bevor er ganz verblutet, würde ich ihn auf einen Ameisenhügel legen und zuschauen, wie er lebendig aufgefressen wird.
Also weisst du, Pädophilie ist ja erst mal nur eine Neigung, und das bedeutet nicht, dass derjenige diese Neigung überhaupt je auslebt, also ...
... Neigung! Ich bitte dich, wenn jemand solche kranken Fantasien hat, dann stimmt doch was nicht mit dem. Da sieht man doch schon, dass der gefährlich ist.

Experten

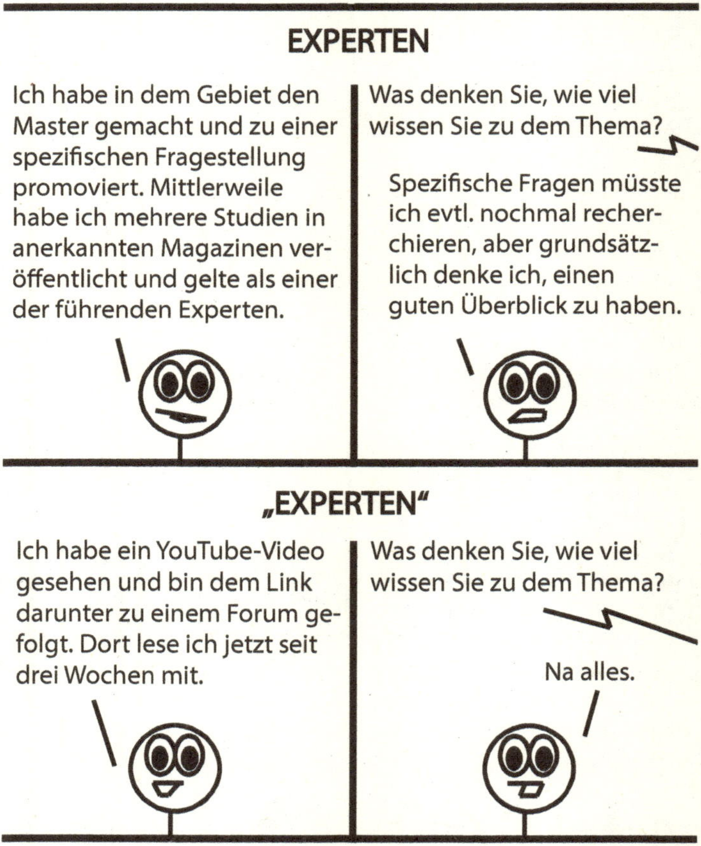
EXPERTEN
Ich habe in dem Gebiet den Master gemacht und zu einer spezifischen Fragestellung promoviert. Mittlerweile habe ich mehrere Studien in anerkannten Magazinen veröffentlicht und gelte als einer der führenden Experten.
Was denken Sie, wie viel wissen Sie zu dem Thema?
Spezifische Fragen müsste ich evtl. nochmal recherchieren, aber grundsätzlich denke ich, einen guten Überblick zu haben.
„EXPERTEN“
Ich habe ein YouTube-Video gesehen und bin dem Link darunter zu einem Forum gefolgt. Dort lese ich jetzt seit drei Wochen mit.
Was denken Sie, wie viel wissen Sie zu dem Thema?
Na alles.

Unternehmenslogik

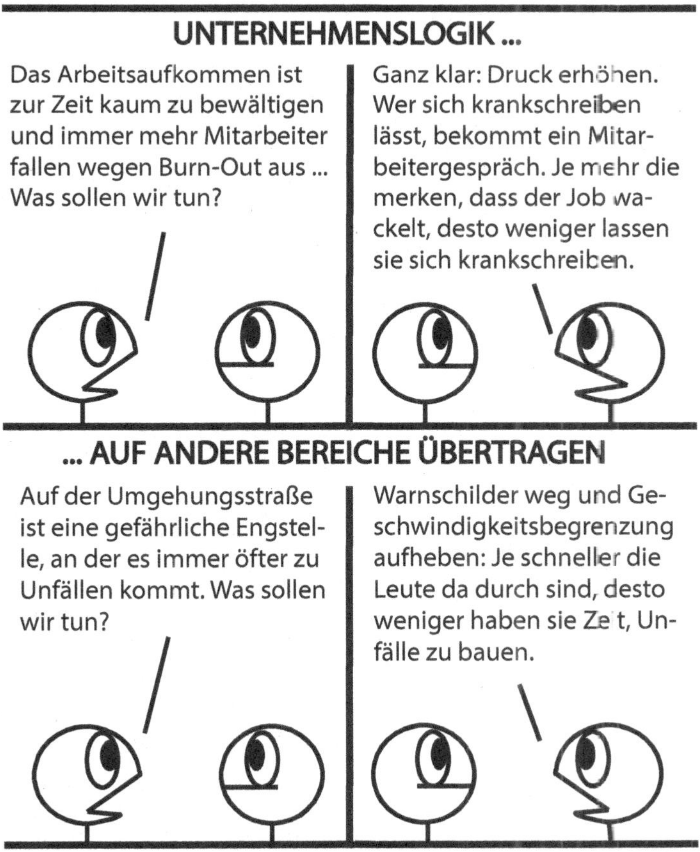
UNTERNEHMENSLOGIK ...
Das Arbeitsaufkommen ist zur Zeit kaum zu bewältigen und immer mehr Mitarbeiter fallen wegen Burn-Out aus ... Was sollen wir tun?
Ganz klar: Druck erhöhen. Wer sich krankschreiben lässt, bekommt ein Mitarbeitergespräch. Je mehr die merken, dass der Job wackelt, desto weniger lassen sie sich krankschreiben.
... AUF ANDERE BEREICHE ÜBERTRAGEN
Auf der Umgehungsstraße ist eine gefährliche Engstelle, an der es immer öfter zu Unfällen kommt. Was sollen wir tun?
Warnschilder weg und Geschwindigkeitsbegrenzung aufheben: Je schneller die Leute da durch sind, desto weniger haben sie Zeit, Unfälle zu bauen.

Weltbilder

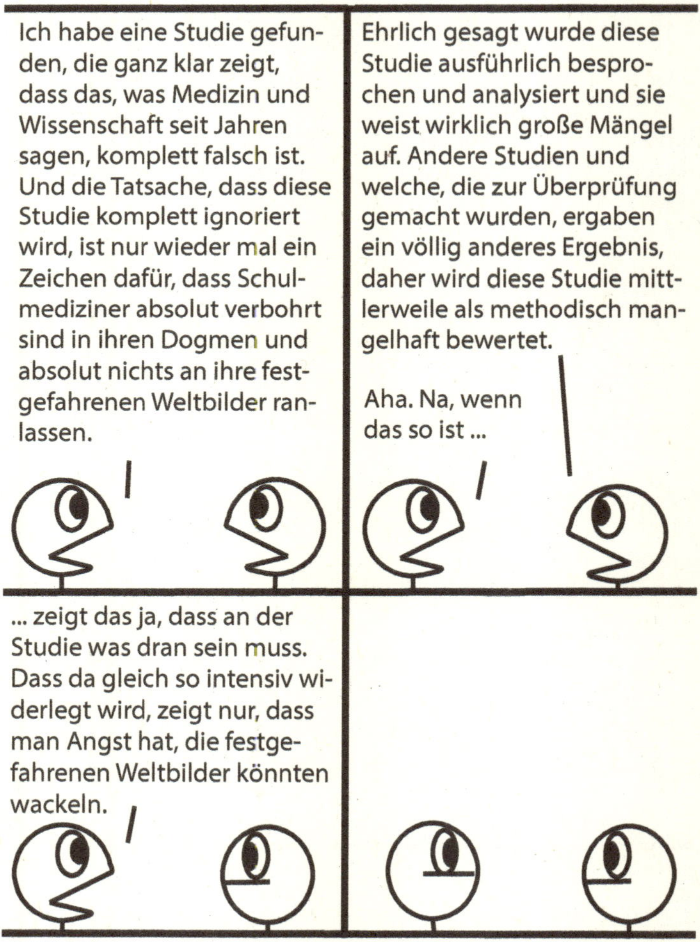
Ich habe eine Studie gefunden, die ganz klar zeigt, dass das, was Medizin und Wissenschaft seit Jahren sagen, komplett falsch ist. Und die Tatsache, dass diese Studie komplett ignoriert wird, ist nur wieder mal ein Zeichen dafür, dass Schulmediziner absolut verbohrt sind in ihren Dogmen und absolut nichts an ihre festgefahrenen Weltbilder ranlassen.
Ehrlich gesagt wurde diese Studie ausführlich besprochen und analysiert und sie weist wirklich große Mängel auf. Andere Studien und welche, die zur Überprüfung gemacht wurden, ergaben ein völlig anderes Ergebnis, daher wird diese Studie mittlerweile als methodisch mangelhaft bewertet.
Aha. Na, wenn das so ist …
… zeigt das ja, dass an der Studie was dran sein muss. Dass da gleich so intensiv widerlegt wird, zeigt nur, dass man Angst hat, die festgefahrenen Weltbilder könnten wackeln.

Weinerliche Wurst

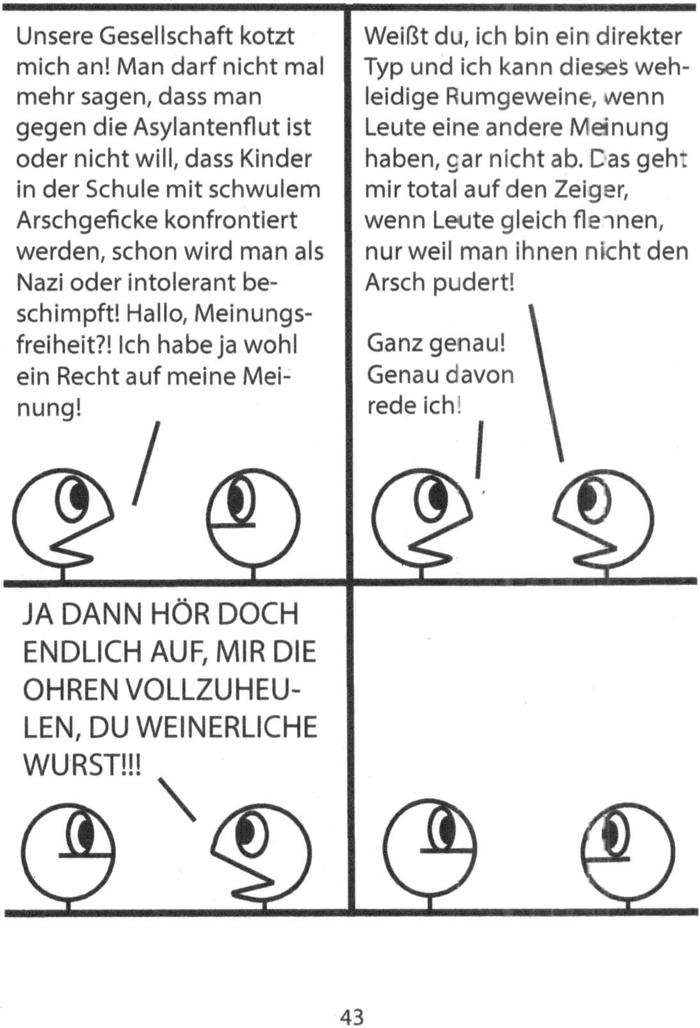
Unsere Gesellschaft kotzt mich an! Man darf nicht mal mehr sagen, dass man gegen die Asylantenflut ist oder nicht will, dass Kinder in der Schule mit schwulem Arschgeficke konfrontiert werden, schon wird man als Nazi oder intolerant beschimpft! Hallo, Meinungsfreiheit?! Ich habe ja wohl ein Recht auf meine Meinung!
Weißt du, ich bin ein direkter Typ und ich kann dieses wehleidige Rumgeweine, wenn Leute eine andere Meinung haben, gar nicht ab. Das geht mir total auf den Zeiger, wenn Leute gleich flennen, nur weil man ihnen nicht den Arsch pudert!
Ganz genau! Genau davon rede ich!
JA DANN HÖR DOCH ENDLICH AUF, MIR DIE OHREN VOLLZUHEULEN, DU WEINERLICHE WURST!!!

Meinungen

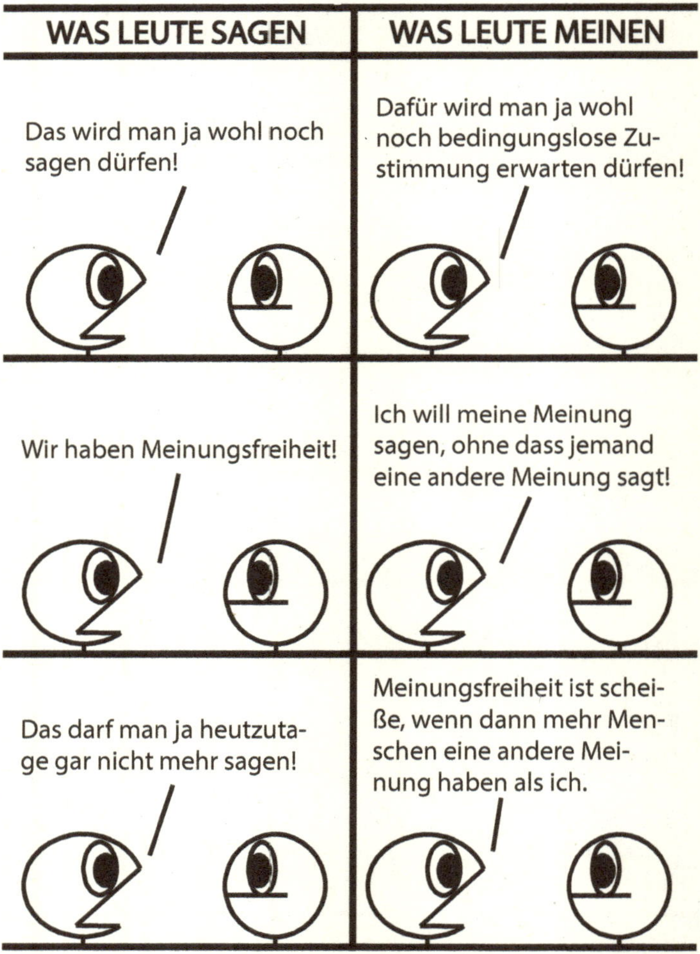
WAS LEUTE SAGEN
WAS LEUTE MEINEN
Das wird man ja wohl noch sagen dürfen!
Dafür wird man ja wohl noch bedingungslose Zustimmung erwarten dürfen!
Wir haben Meinungsfreiheit!
Ich will meine Meinung sagen, ohne dass jemand eine andere Meinung sagt!
Das darf man ja heutzutage gar nicht mehr sagen!
Meinungsfreiheit ist scheiße, wenn dann mehr Menschen eine andere Meinung haben als ich.

Quote

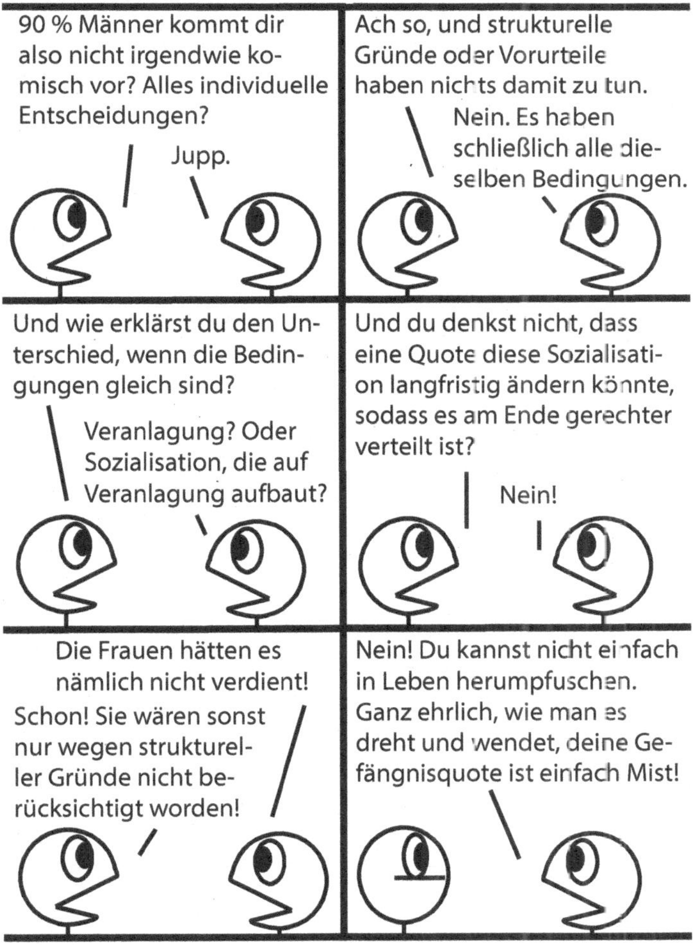

90 % Männer kommt dir also nicht irgendwie komisch vor? Alles individuelle Entscheidungen?
Jupp.
Ach so, und strukturelle Gründe oder Vorurteile haben nichts damit zu tun.
Nein. Es haben schließlich alle dieselben Bedingungen.
Und wie erklärst du den Unterschied, wenn die Bedingungen gleich sind?
Veranlagung? Oder Sozialisation, die auf Veranlagung aufbaut?
Und du denkst nicht, dass eine Quote diese Sozialisation langfristig ändern könnte, sodass es am Ende gerechter verteilt ist?
Nein!
Die Frauen hätten es nämlich nicht verdient!
Schon! Sie wären sonst nur wegen struktureller Gründe nicht berücksichtigt worden!
Nein! Du kannst nicht einfach in Leben herumpfuschen. Ganz ehrlich, wie man es dreht und wendet, deine Gefängnisquote ist einfach Mist!

Undankbar

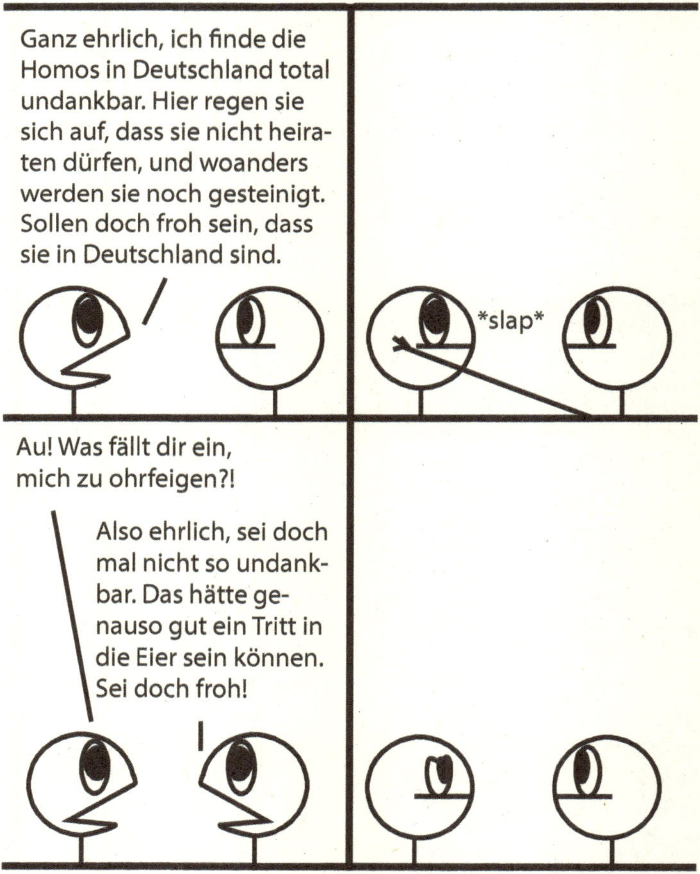
Ganz ehrlich, ich finde die Homos in Deutschland total undankbar. Hier regen sie sich auf, dass sie nicht heiraten dürfen, und woanders werden sie noch gesteinigt. Sollen doch froh sein, dass sie in Deutschland sind.
slap
Au! Was fällt dir ein, mich zu ohrfeigen?!
Also ehrlich, sei doch mal nicht so undankbar. Das hätte genauso gut ein Tritt in die Eier sein können. Sei doch froh!

Männerrolle

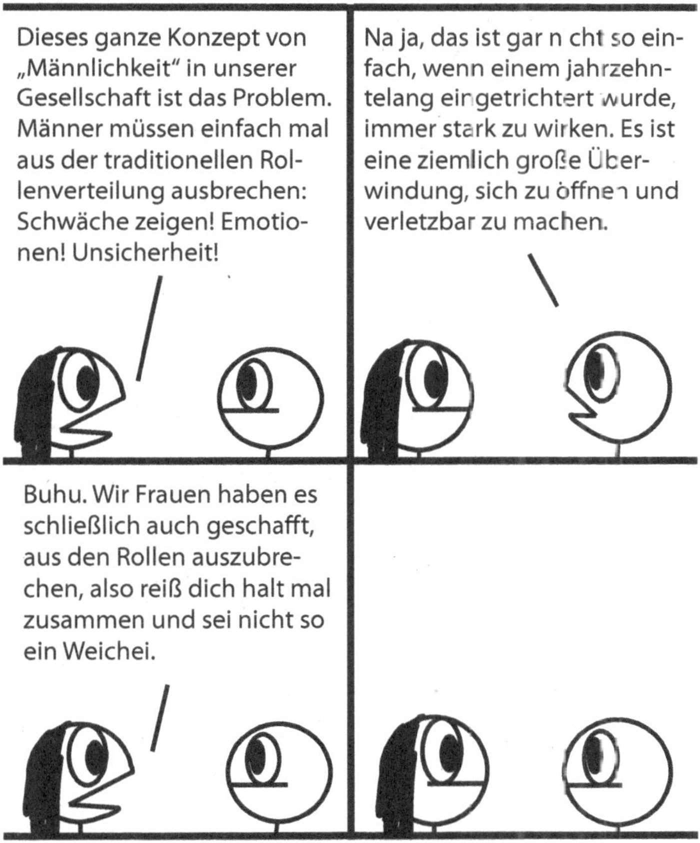

Dieses ganze Konzept von „Männlichkeit“ in unserer Gesellschaft ist das Problem. Männer müssen einfach mal aus der traditionellen Rollenverteilung ausbrechen: Schwäche zeigen! Emotionen! Unsicherheit!
Na ja, das ist gar nicht so einfach, wenn einem jahrzehntelang eingetrichtert wurde, immer stark zu wirken. Es ist eine ziemlich große Überwindung, sich zu öffnen und verletzbar zu machen.
Buhu. Wir Frauen haben es schließlich auch geschafft, aus den Rollen auszubrechen, also reiß dich halt mal zusammen und sei nicht so ein Weichei.

Impfgegner

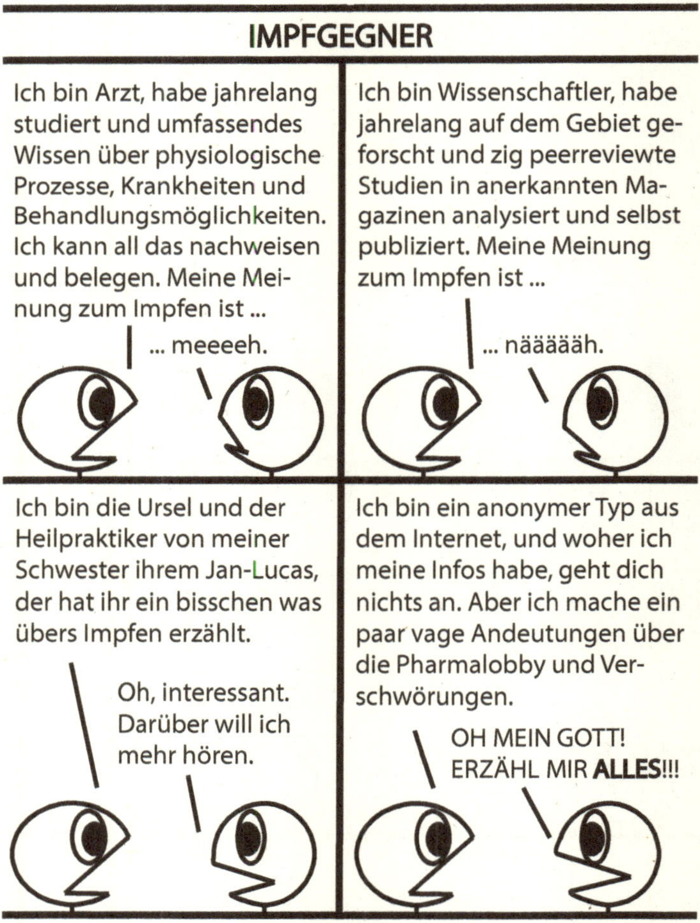
IMPFGEGNER
Ich bin Arzt, habe jahrelang studiert und umfassendes Wissen über physiologische Prozesse, Krankheiten und Behandlungsmöglichkeiten. Ich kann all das nachweisen und belegen. Meine Meinung zum Impfen ist ...
... meeeeh.
Ich bin Wissenschaftler, habe jahrelang auf dem Gebiet geforscht und zig peerreviewte Studien in anerkannten Magazinen analysiert und selbst publiziert. Meine Meinung zum Impfen ist ...
... näääääh.
Ich bin die Ursel und der Heilpraktiker von meiner Schwester ihrem Jan-Lucas, der hat ihr ein bisschen was übers Impfen erzählt.
Oh, interessant. Darüber will ich mehr hören.
Ich bin ein anonymer Typ aus dem Internet, und woher ich meine Infos habe, geht dich nichts an. Aber ich mache ein paar vage Andeutungen über die Pharmalobby und Verschwörungen.
OH MEIN GOTT! ERZÄHL MIR **ALLES**!!!

Vorratsdaten

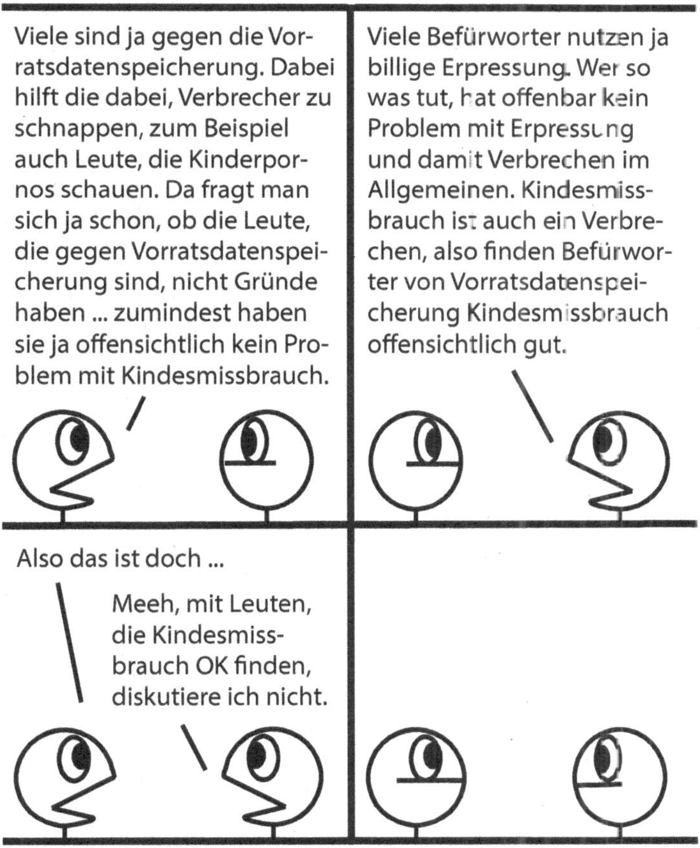
Viele sind ja gegen die Vorratsdatenspeicherung. Dabei hilft die dabei, Verbrecher zu schnappen, zum Beispiel auch Leute, die Kinderpornos schauen. Da fragt man sich ja schon, ob die Leute, die gegen Vorratsdatenspeicherung sind, nicht Gründe haben ... zumindest haben sie ja offensichtlich kein Problem mit Kindesmissbrauch.
Viele Befürworter nutzen ja billige Erpressung. Wer so was tut, hat offenbar kein Problem mit Erpressung und damit Verbrechen im Allgemeinen. Kindesmissbrauch ist auch ein Verbrechen, also finden Befürworter von Vorratsdatenspeicherung Kindesmissbrauch offensichtlich gut.
Also das ist doch ...
Meeh, mit Leuten, die Kindesmissbrauch OK finden, diskutiere ich nicht.

Schuld

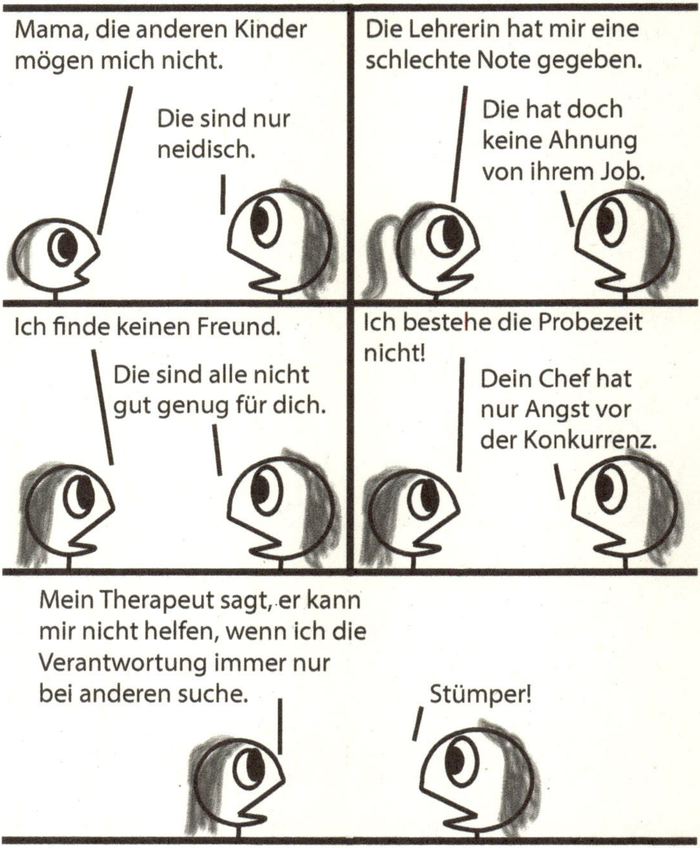
Mama, die anderen Kinder mögen mich nicht.
Die sind nur neidisch.
Die Lehrerin hat mir eine schlechte Note gegeben.
Die hat doch keine Ahnung von ihrem Job.
Ich finde keinen Freund.
Die sind alle nicht gut genug für dich.
Ich bestehe die Probezeit nicht!
Dein Chef hat nur Angst vor der Konkurrenz.
Mein Therapeut sagt, er kann mir nicht helfen, wenn ich die Verantwortung immer nur bei anderen suche.
Stümper!

Objektifiziert

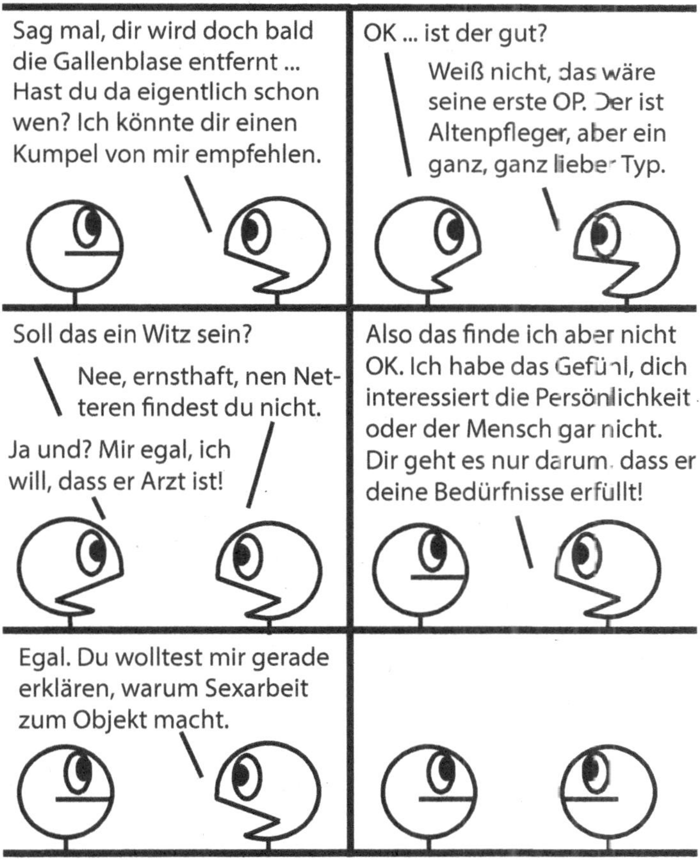

Sag mal, dir wird doch bald die Gallenblase entfernt ... Hast du da eigentlich schon wen? Ich könnte dir einen Kumpel von mir empfehlen.
OK ... ist der gut?
Weiß nicht, das wäre seine erste OP. Der ist Altenpfleger, aber ein ganz, ganz lieber Typ.
Soll das ein Witz sein?
Nee, ernsthaft, nen Netteren findest du nicht.
Ja und? Mir egal, ich will, dass er Arzt ist!
Also das finde ich aber nicht OK. Ich habe das Gefühl, dich interessiert die Persönlichkeit oder der Mensch gar nicht. Dir geht es nur darum, dass er deine Bedürfnisse erfüllt!
Egal. Du wolltest mir gerade erklären, warum Sexarbeit zum Objekt macht.

Anstand

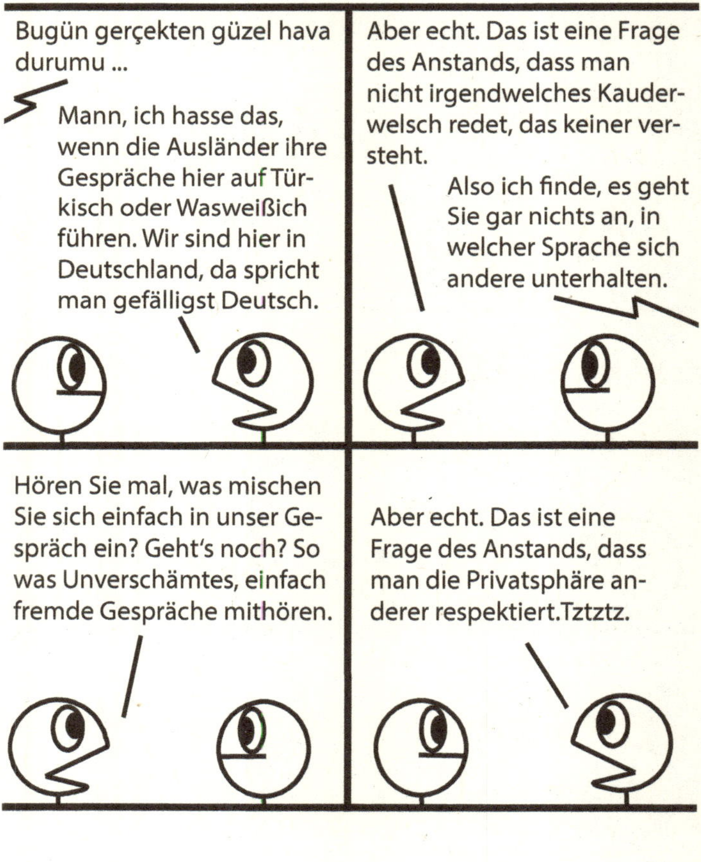
Bugün gerçekten güzel hava durumu ...
Mann, ich hasse das, wenn die Ausländer ihre Gespräche hier auf Türkisch oder Wasweißich führen. Wir sind hier in Deutschland, da spricht man gefälligst Deutsch.
Aber echt. Das ist eine Frage des Anstands, dass man nicht irgendwelches Kauderwelsch redet, das keiner versteht.
Also ich finde, es geht Sie gar nichts an, in welcher Sprache sich andere unterhalten.
Hören Sie mal, was mischen Sie sich einfach in unser Gespräch ein? Geht's noch? So was Unverschämtes, einfach fremde Gespräche mithören.
Aber echt. Das ist eine Frage des Anstands, dass man die Privatsphäre anderer respektiert.Tztztz.

Sterbehilfe

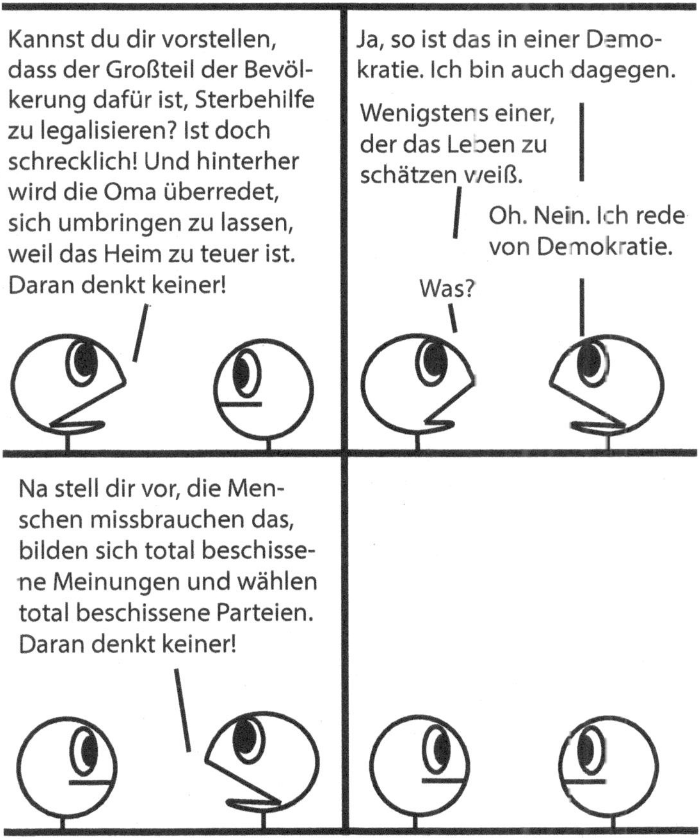
Kannst du dir vorstellen, dass der Großteil der Bevölkerung dafür ist, Sterbehilfe zu legalisieren? Ist doch schrecklich! Und hinterher wird die Oma überredet, sich umbringen zu lassen, weil das Heim zu teuer ist. Daran denkt keiner!
Ja, so ist das in einer Demokratie. Ich bin auch dagegen.
Wenigstens einer, der das Leben zu schätzen weiß.
Oh. Nein. Ich rede von Demokratie.
Was?
Na stell dir vor, die Menschen missbrauchen das, bilden sich total beschissene Meinungen und wählen total beschissene Parteien. Daran denkt keiner!

Sexismus

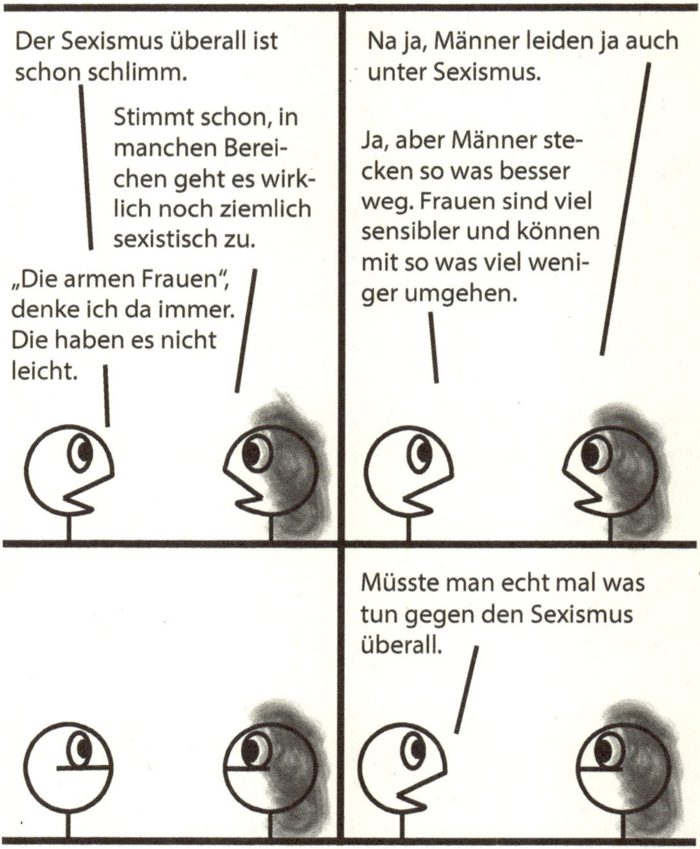
Der Sexismus überall ist schon schlimm.
Stimmt schon, in manchen Berei-chen geht es wirk-lich noch ziemlich sexistisch zu.
„Die armen Frauen", denke ich da immer. Die haben es nicht leicht.
Na ja, Männer leiden ja auch unter Sexismus.
Ja, aber Männer ste-cken so was besser weg. Frauen sind viel sensibler und können mit so was viel weni-ger umgehen.
Müsste man echt mal was tun gegen den Sexismus überall.

Offene Beziehung

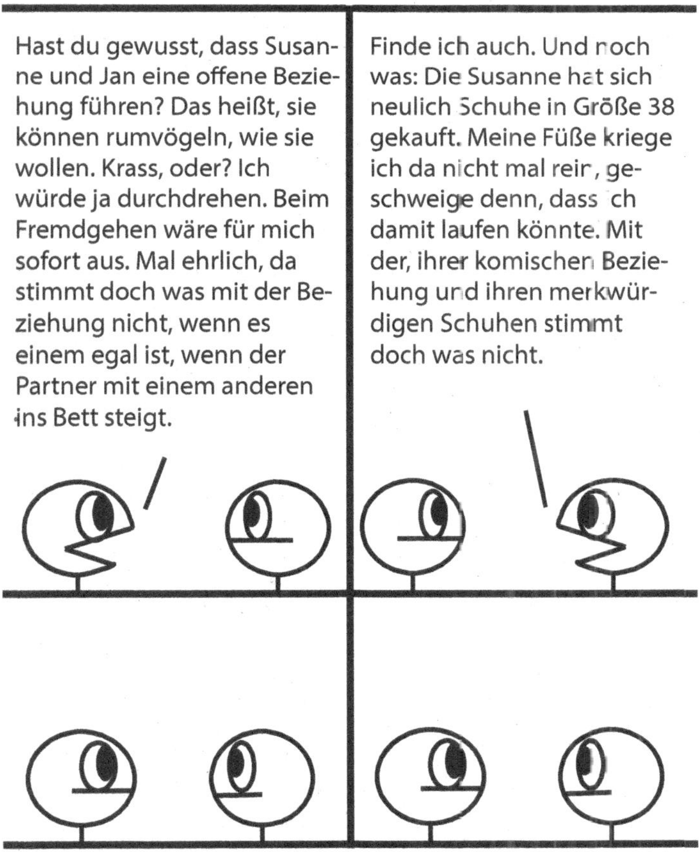
Hast du gewusst, dass Susanne und Jan eine offene Beziehung führen? Das heißt, sie können rumvögeln, wie sie wollen. Krass, oder? Ich würde ja durchdrehen. Beim Fremdgehen wäre für mich sofort aus. Mal ehrlich, da stimmt doch was mit der Beziehung nicht, wenn es einem egal ist, wenn der Partner mit einem anderen ins Bett steigt.
Finde ich auch. Und noch was: Die Susanne hat sich neulich Schuhe in Größe 38 gekauft. Meine Füße kriege ich da nicht mal rein, geschweige denn, dass ich damit laufen könnte. Mit der, ihrer komischen Beziehung und ihren merkwürdigen Schuhen stimmt doch was nicht.

Werte

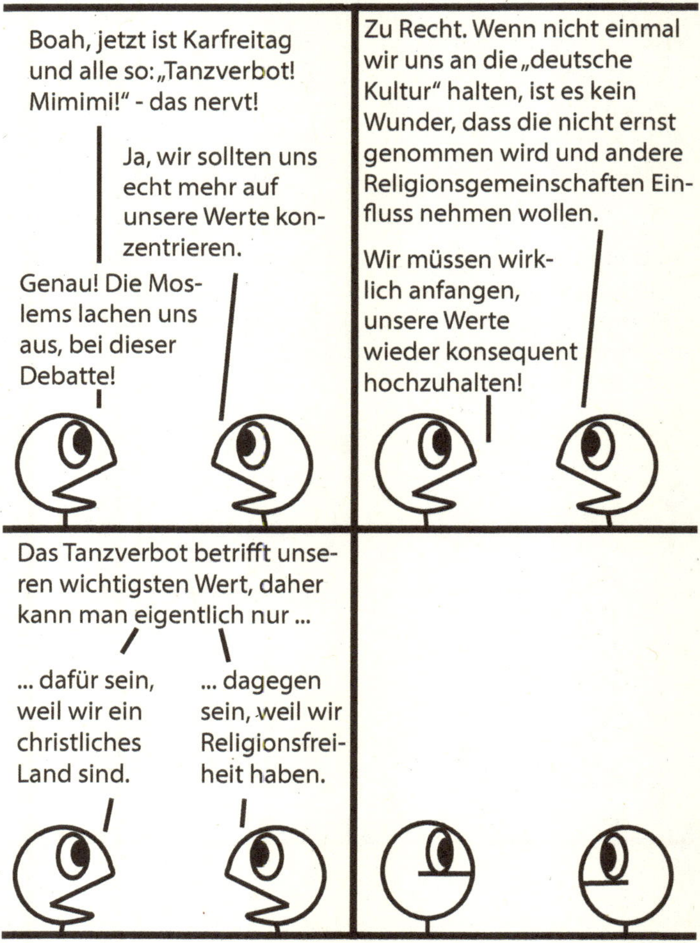

Boah, jetzt ist Karfreitag und alle so: „Tanzverbot! Mimimi!" - das nervt!
Ja, wir sollten uns echt mehr auf unsere Werte konzentrieren.
Genau! Die Moslems lachen uns aus, bei dieser Debatte!
Zu Recht. Wenn nicht einmal wir uns an die „deutsche Kultur" halten, ist es kein Wunder, dass die nicht ernst genommen wird und andere Religionsgemeinschaften Einfluss nehmen wollen.
Wir müssen wirklich anfangen, unsere Werte wieder konsequent hochzuhalten!
Das Tanzverbot betrifft unseren wichtigsten Wert, daher kann man eigentlich nur ...
... dafür sein, weil wir ein christliches Land sind.
... dagegen sein, weil wir Religionsfreiheit haben.

Wahrheit

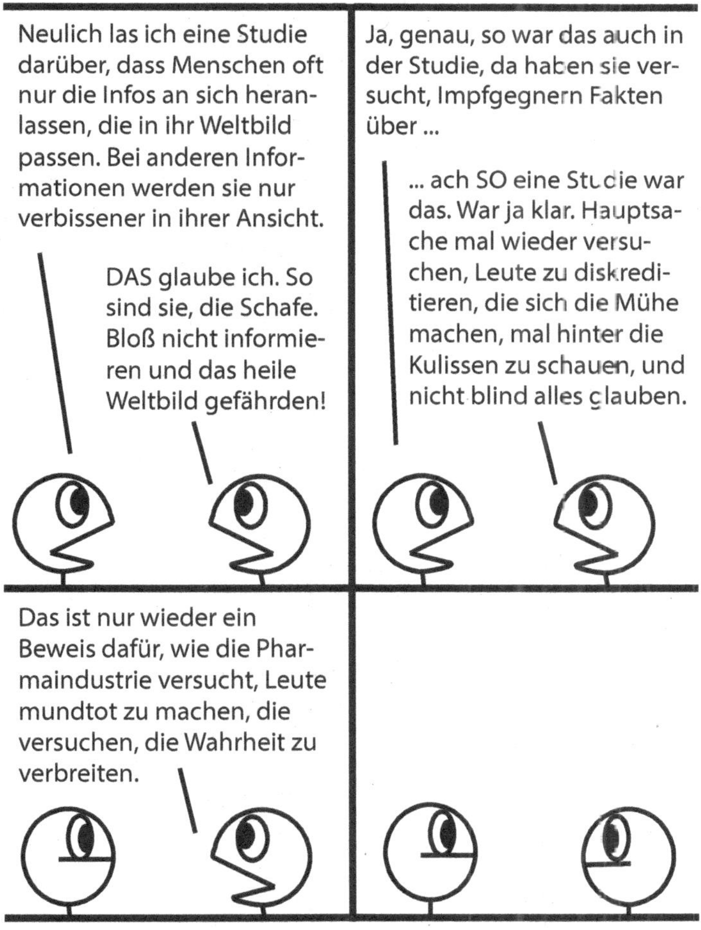
Neulich las ich eine Studie darüber, dass Menschen oft nur die Infos an sich heranlassen, die in ihr Weltbild passen. Bei anderen Informationen werden sie nur verbissener in ihrer Ansicht.
DAS glaube ich. So sind sie, die Schafe. Bloß nicht informieren und das heile Weltbild gefährden!
Ja, genau, so war das auch in der Studie, da haben sie versucht, Impfgegnern Fakten über ...
... ach SO eine Studie war das. War ja klar. Hauptsache mal wieder versuchen, Leute zu diskreditieren, die sich die Mühe machen, mal hinter die Kulissen zu schauen, und nicht blind alles glauben.
Das ist nur wieder ein Beweis dafür, wie die Pharmaindustrie versucht, Leute mundtot zu machen, die versuchen, die Wahrheit zu verbreiten.

Verständnis

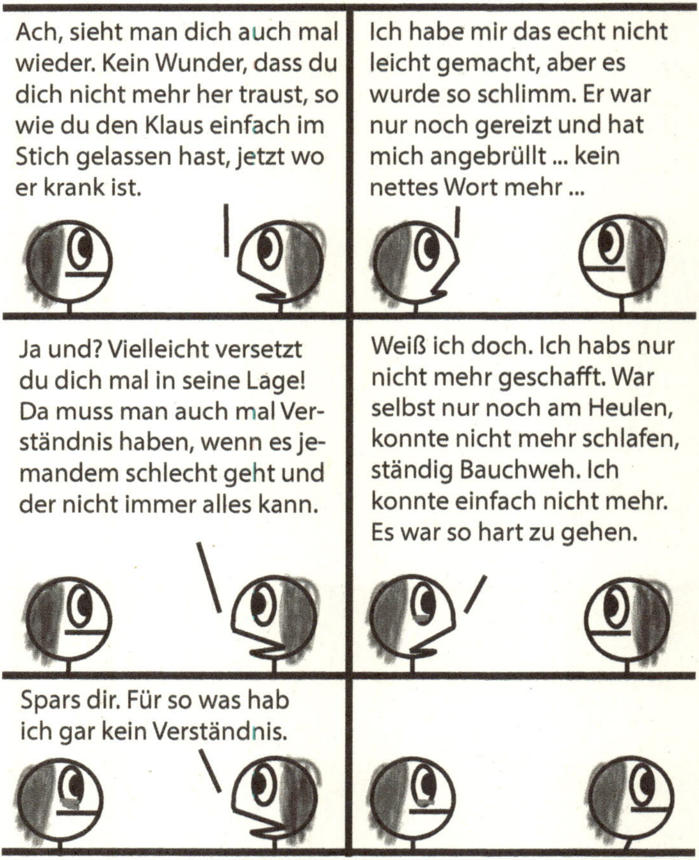

Ach, sieht man dich auch mal wieder. Kein Wunder, dass du dich nicht mehr her traust, so wie du den Klaus einfach im Stich gelassen hast, jetzt wo er krank ist.
Ich habe mir das echt nicht leicht gemacht, aber es wurde so schlimm. Er war nur noch gereizt und hat mich angebrüllt ... kein nettes Wort mehr ...
Ja und? Vielleicht versetzt du dich mal in seine Lage! Da muss man auch mal Verständnis haben, wenn es jemandem schlecht geht und der nicht immer alles kann.
Weiß ich doch. Ich habs nur nicht mehr geschafft. War selbst nur noch am Heulen, konnte nicht mehr schlafen, ständig Bauchweh. Ich konnte einfach nicht mehr. Es war so hart zu gehen.
Spars dir. Für so was hab ich gar kein Verständnis.

Selbstwert

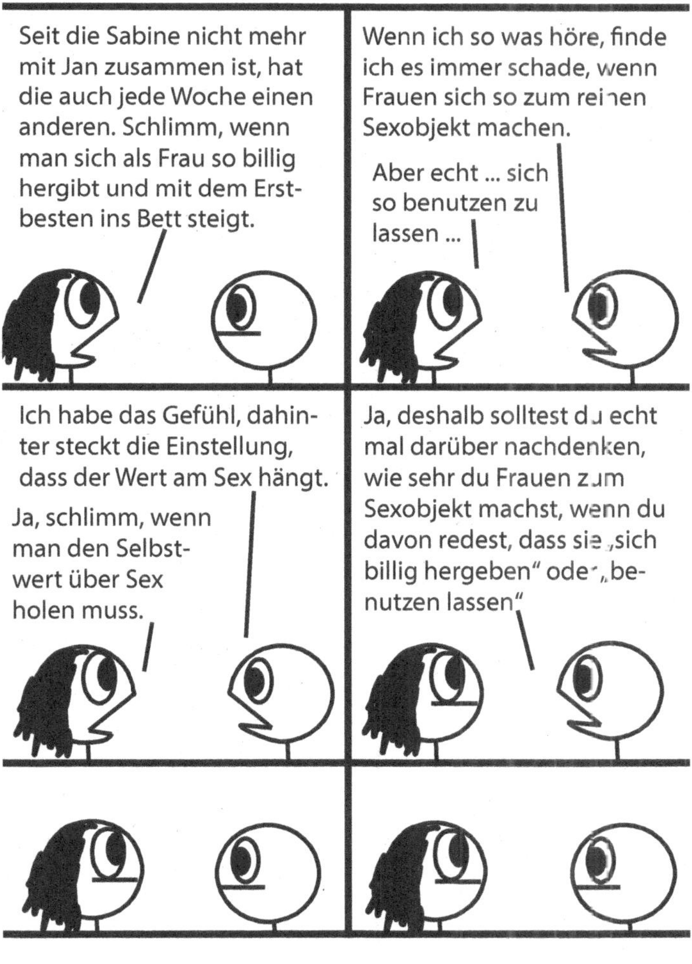
Seit die Sabine nicht mehr mit Jan zusammen ist, hat die auch jede Woche einen anderen. Schlimm, wenn man sich als Frau so billig hergibt und mit dem Erstbesten ins Bett steigt.
Wenn ich so was höre, finde ich es immer schade, wenn Frauen sich so zum reinen Sexobjekt machen.
Aber echt ... sich so benutzen zu lassen ...
Ich habe das Gefühl, dahinter steckt die Einstellung, dass der Wert am Sex hängt.
Ja, schlimm, wenn man den Selbstwert über Sex holen muss.
Ja, deshalb solltest du echt mal darüber nachdenken, wie sehr du Frauen zum Sexobjekt machst, wenn du davon redest, dass sie „sich billig hergeben" oder „benutzen lassen"

2
Zwischenmenschliches

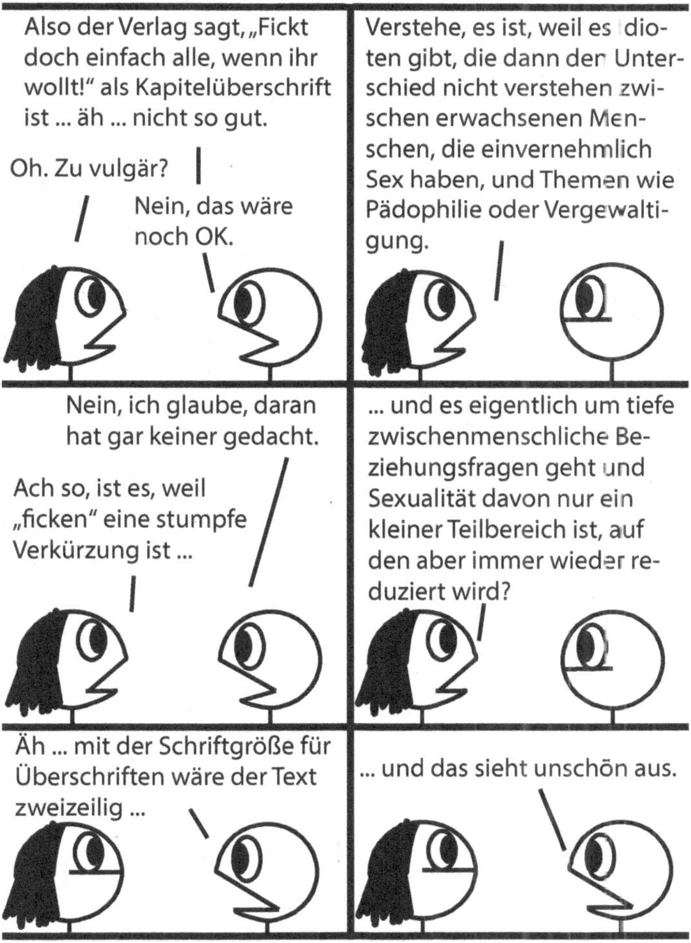
Also der Verlag sagt, „Fickt doch einfach alle, wenn ihr wollt!" als Kapitelüberschrift ist ... äh ... nicht so gut.
Oh. Zu vulgär?
Nein, das wäre noch OK.
Verstehe, es ist, weil es Idioten gibt, die dann den Unterschied nicht verstehen zwischen erwachsenen Menschen, die einvernehmlich Sex haben, und Themen wie Pädophilie oder Vergewaltigung.
Nein, ich glaube, daran hat gar keiner gedacht.
Ach so, ist es, weil „ficken" eine stumpfe Verkürzung ist ...
... und es eigentlich um tiefe zwischenmenschliche Beziehungsfragen geht und Sexualität davon nur ein kleiner Teilbereich ist, auf den aber immer wieder reduziert wird?
Äh ... mit der Schriftgröße für Überschriften wäre der Text zweizeilig ...
... und das sieht unschön aus.

Auswahl

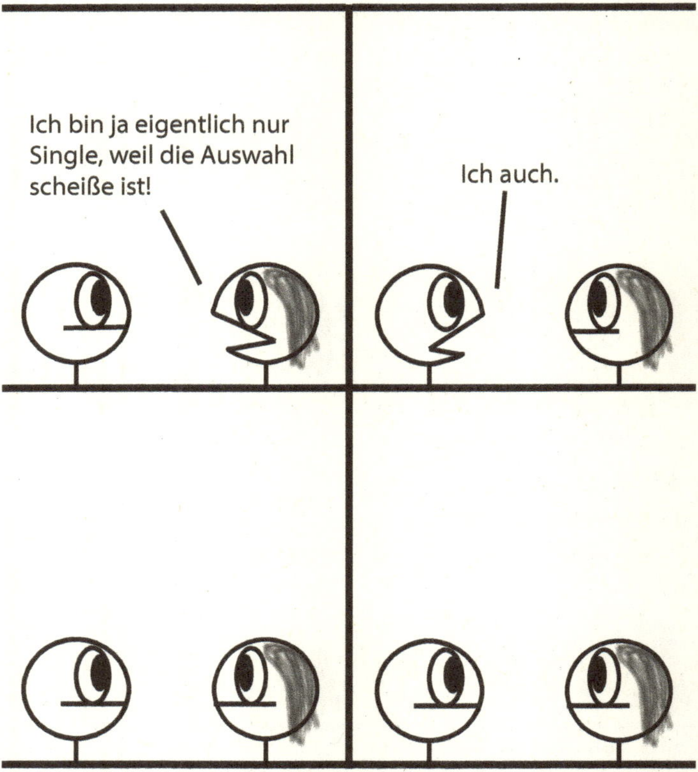
Ich bin ja eigentlich nur Single, weil die Auswahl scheiße ist!
Ich auch.

Kompliment

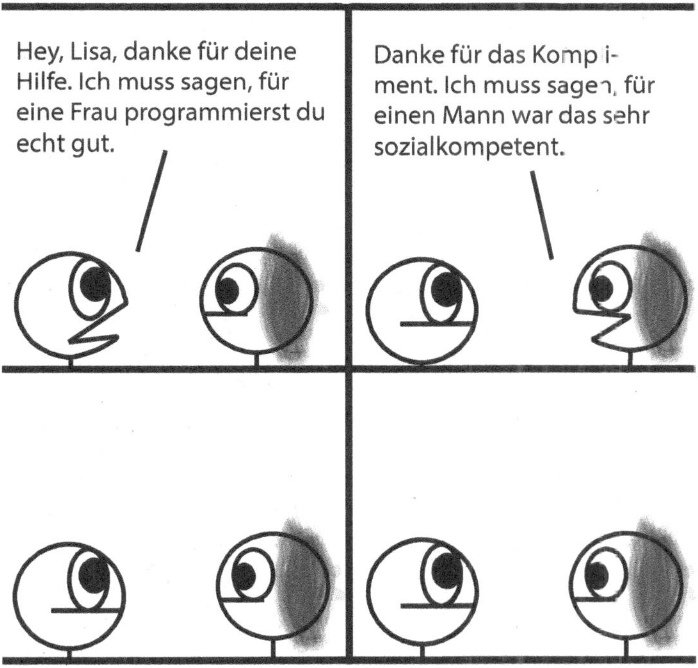
Hey, Lisa, danke für deine Hilfe. Ich muss sagen, für eine Frau programmierst du echt gut.
Danke für das Kompli-ment. Ich muss sagen, für einen Mann war das sehr sozialkompetent.

Marktwert

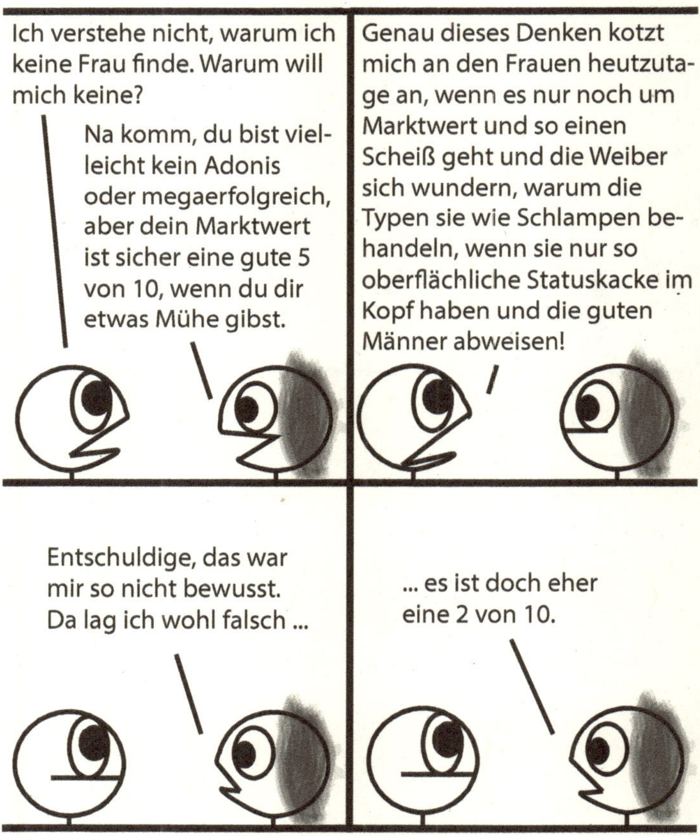
Ich verstehe nicht, warum ich keine Frau finde. Warum will mich keine?
Na komm, du bist vielleicht kein Adonis oder megaerfolgreich, aber dein Marktwert ist sicher eine gute 5 von 10, wenn du dir etwas Mühe gibst.
Genau dieses Denken kotzt mich an den Frauen heutzutage an, wenn es nur noch um Marktwert und so einen Scheiß geht und die Weiber sich wundern, warum die Typen sie wie Schlampen behandeln, wenn sie nur so oberflächliche Statuskacke im Kopf haben und die guten Männer abweisen!
Entschuldige, das war mir so nicht bewusst. Da lag ich wohl falsch ...
... es ist doch eher eine 2 von 10.

Nicht persönlich

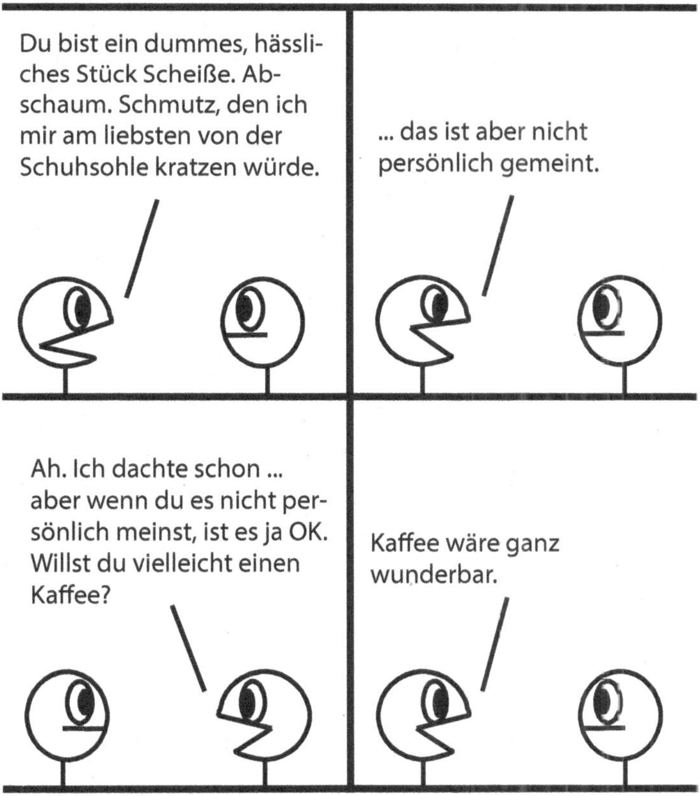
Du bist ein dummes, hässliches Stück Scheiße. Abschaum. Schmutz, den ich mir am liebsten von der Schuhsohle kratzen würde.
... das ist aber nicht persönlich gemeint.
Ah. Ich dachte schon ... aber wenn du es nicht persönlich meinst, ist es ja OK. Willst du vielleicht einen Kaffee?
Kaffee wäre ganz wunderbar.

Kommunikation

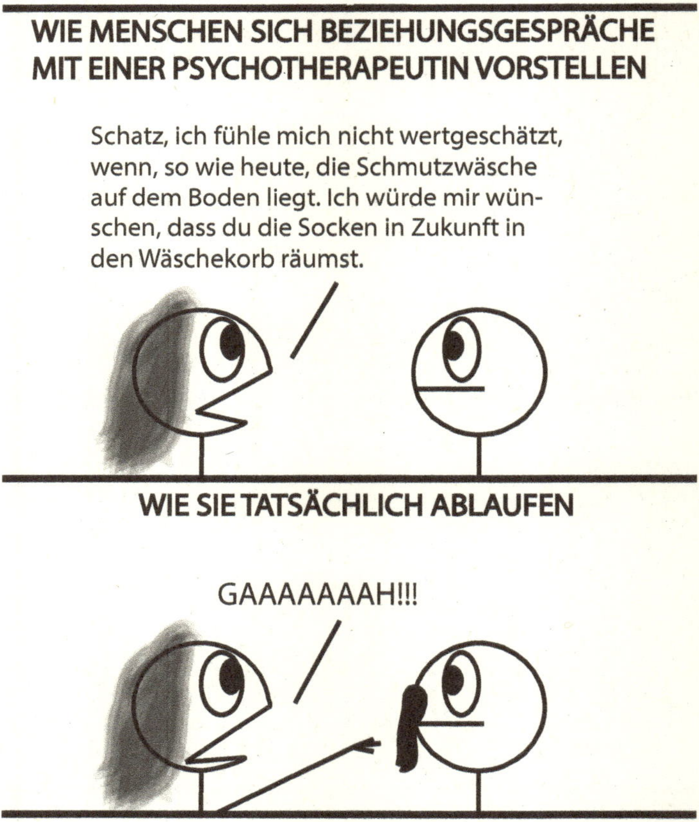
WIE MENSCHEN SICH BEZIEHUNGSGESPRÄCHE MIT EINER PSYCHOTHERAPEUTIN VORSTELLEN
Schatz, ich fühle mich nicht wertgeschätzt, wenn, so wie heute, die Schmutzwäsche auf dem Boden liegt. Ich würde mir wünschen, dass du die Socken in Zukunft in den Wäschekorb räumst.
WIE SIE TATSÄCHLICH ABLAUFEN
GAAAAAAAH!!!

Witzig

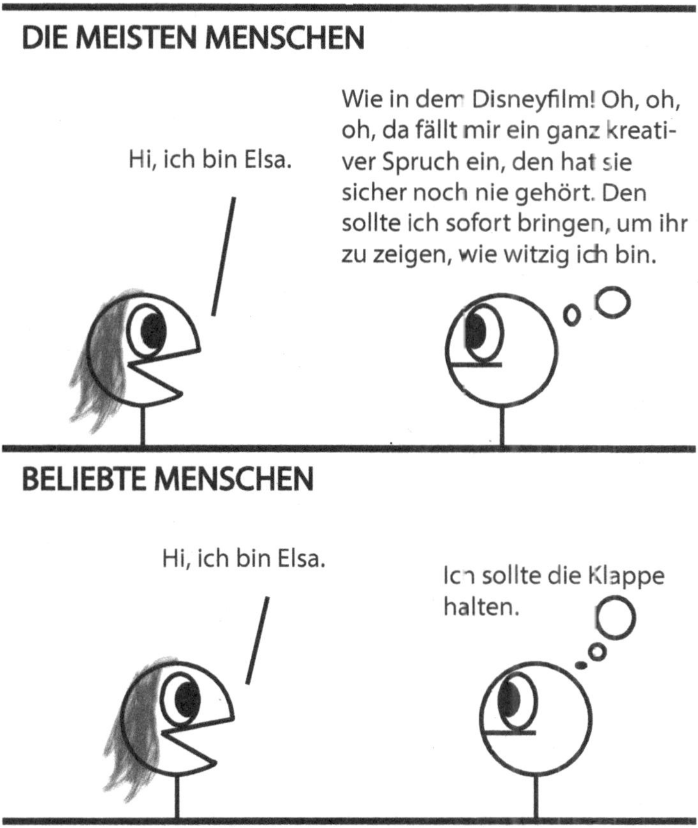
DIE MEISTEN MENSCHEN
Hi, ich bin Elsa.
Wie in dem Disneyfilm! Oh, oh, oh, da fällt mir ein ganz kreativer Spruch ein, den hat sie sicher noch nie gehört. Den sollte ich sofort bringen, um ihr zu zeigen, wie witzig ich bin.
BELIEBTE MENSCHEN
Hi, ich bin Elsa.
Ich sollte die Klappe halten.

Respekt

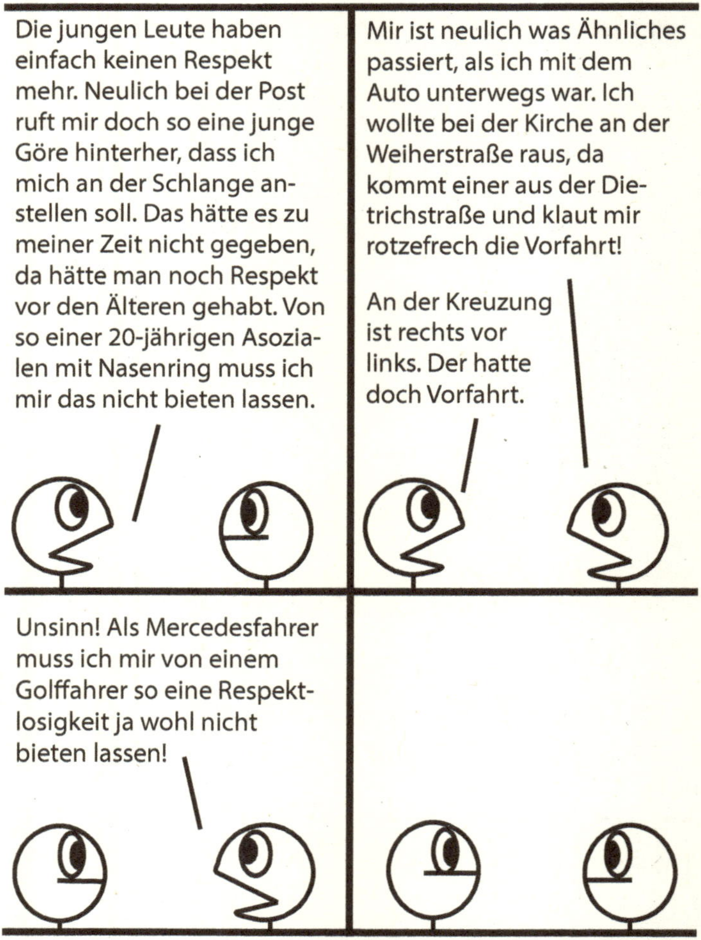
Die jungen Leute haben einfach keinen Respekt mehr. Neulich bei der Post ruft mir doch so eine junge Göre hinterher, dass ich mich an der Schlange anstellen soll. Das hätte es zu meiner Zeit nicht gegeben, da hätte man noch Respekt vor den Älteren gehabt. Von so einer 20-jährigen Asozialen mit Nasenring muss ich mir das nicht bieten lassen.
Mir ist neulich was Ähnliches passiert, als ich mit dem Auto unterwegs war. Ich wollte bei der Kirche an der Weiherstraße raus, da kommt einer aus der Dietrichstraße und klaut mir rotzefrech die Vorfahrt!
An der Kreuzung ist rechts vor links. Der hatte doch Vorfahrt.
Unsinn! Als Mercedesfahrer muss ich mir von einem Golffahrer so eine Respektlosigkeit ja wohl nicht bieten lassen!

Vom Ansehen

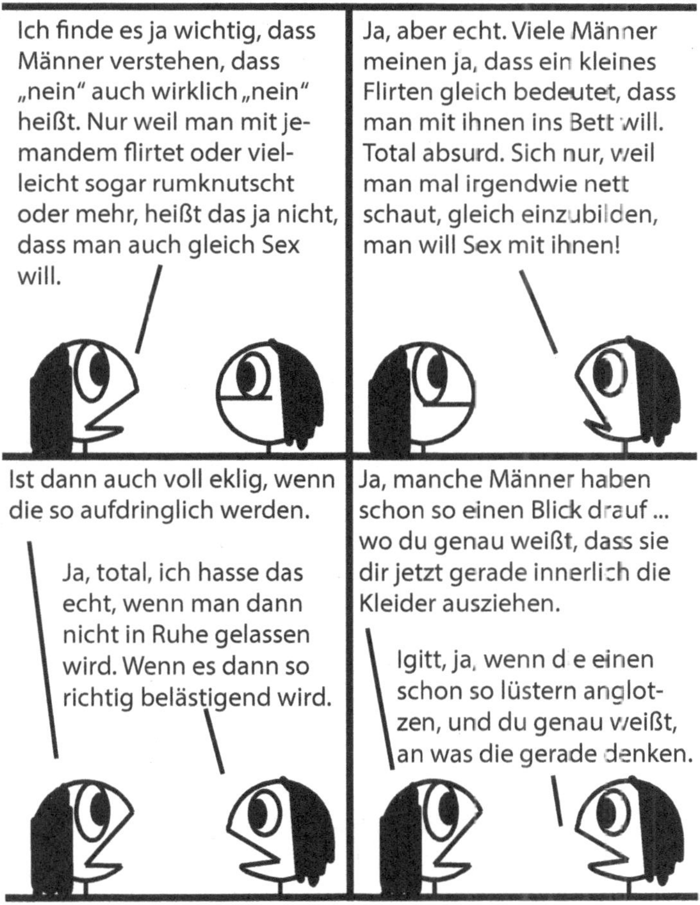
Ich finde es ja wichtig, dass Männer verstehen, dass „nein" auch wirklich „nein" heißt. Nur weil man mit jemandem flirtet oder vielleicht sogar rumknutscht oder mehr, heißt das ja nicht, dass man auch gleich Sex will.
Ja, aber echt. Viele Männer meinen ja, dass ein kleines Flirten gleich bedeutet, dass man mit ihnen ins Bett will. Total absurd. Sich nur, weil man mal irgendwie nett schaut, gleich einzubilden, man will Sex mit ihnen!
Ist dann auch voll eklig, wenn die so aufdringlich werden.
Ja, total, ich hasse das echt, wenn man dann nicht in Ruhe gelassen wird. Wenn es dann so richtig belästigend wird.
Ja, manche Männer haben schon so einen Blick drauf ... wo du genau weißt, dass sie dir jetzt gerade innerlich die Kleider ausziehen.
Igitt, ja, wenn die einen schon so lüstern anglotzen, und du genau weißt, an was die gerade denken.

Gemein(t)

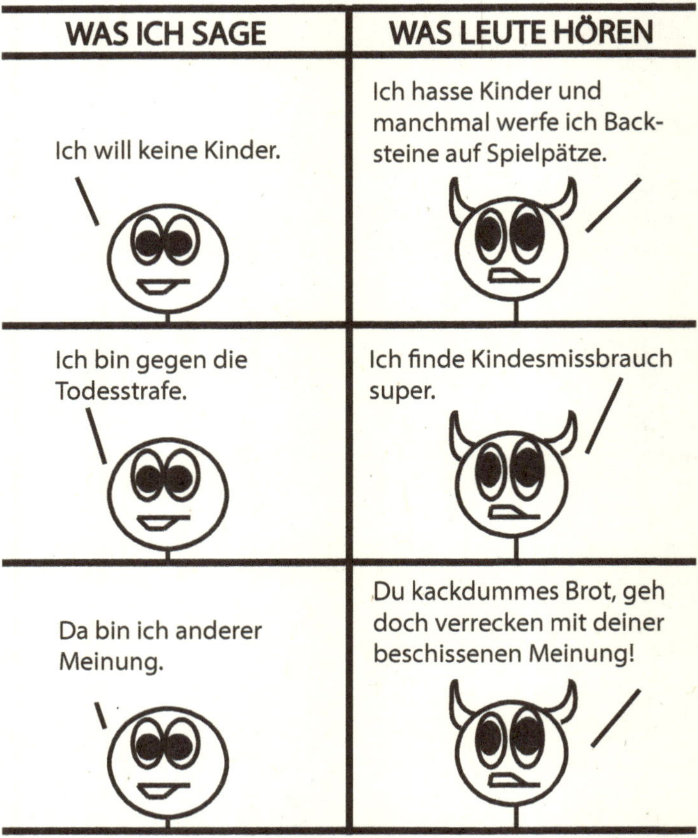
WAS ICH SAGE
WAS LEUTE HÖREN
Ich will keine Kinder.
Ich hasse Kinder und manchmal werfe ich Back- steine auf Spielpätze.
Ich bin gegen die Todesstrafe.
Ich finde Kindesmissbrauch super.
Da bin ich anderer Meinung.
Du kackdummes Brot, geh doch verrecken mit deiner beschissenen Meinung!

Gehört

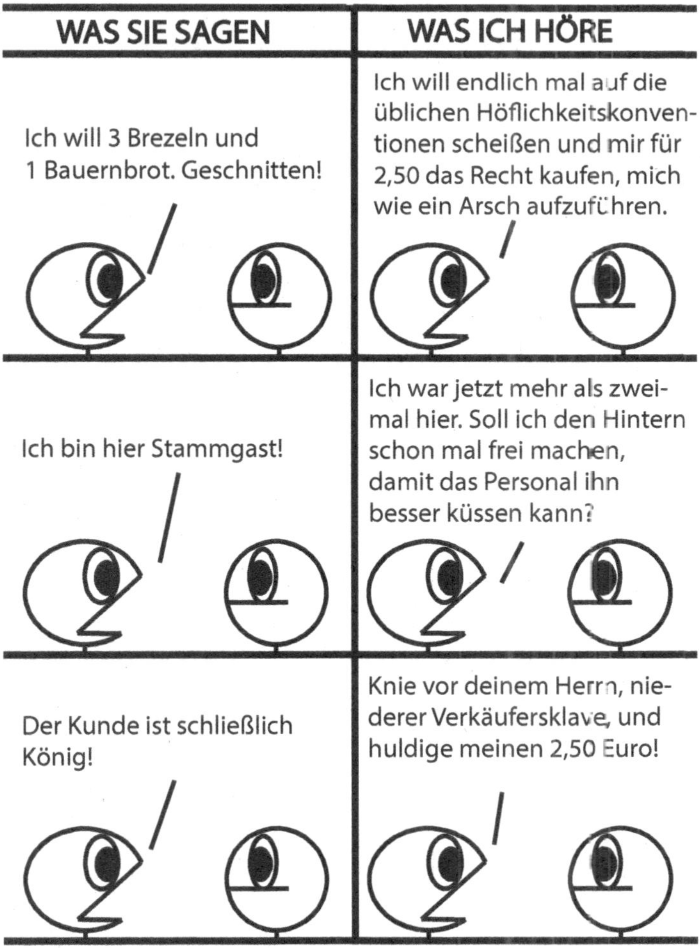
WAS SIE SAGEN
WAS ICH HÖRE
Ich will 3 Brezeln und 1 Bauernbrot. Geschnitten!
Ich will endlich mal auf die üblichen Höflichkeitskonventionen scheißen und mir für 2,50 das Recht kaufen, mich wie ein Arsch aufzuführen.
Ich bin hier Stammgast!
Ich war jetzt mehr als zweimal hier. Soll ich den Hintern schon mal frei machen, damit das Personal ihn besser küssen kann?
Der Kunde ist schließlich König!
Knie vor deinem Herrn, niederer Verkäufersklave, und huldige meinen 2,50 Euro!

EMN* & Kerl 1

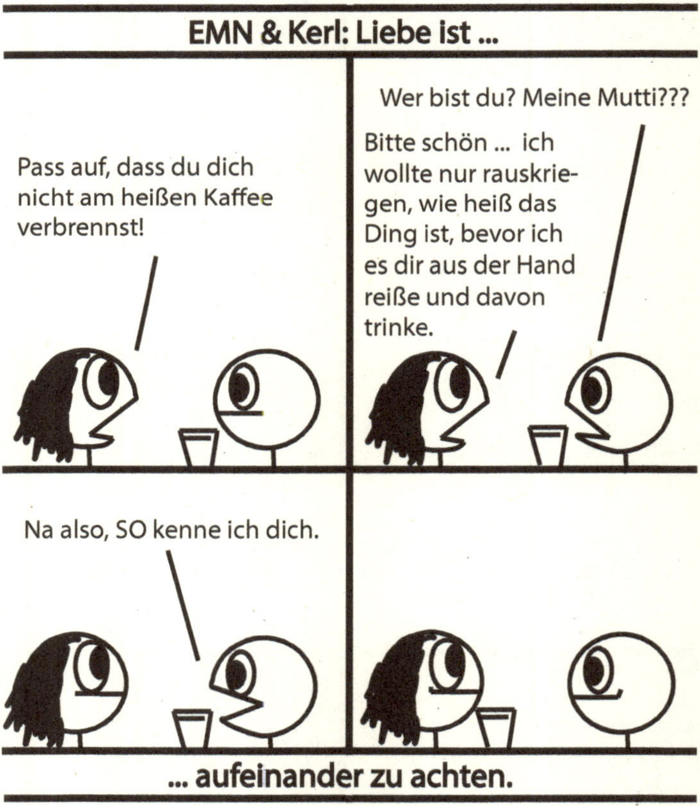
EMN & Kerl: Liebe ist ...
Pass auf, dass du dich nicht am heißen Kaffee verbrennst!
Bitte schön ... ich wollte nur rauskriegen, wie heiß das Ding ist, bevor ich es dir aus der Hand reiße und davon trinke.
Wer bist du? Meine Mutti???
Na also, SO kenne ich dich.
... aufeinander zu achten.

*** EMN = Erzähl mir nix**

EMN & Kerl 2

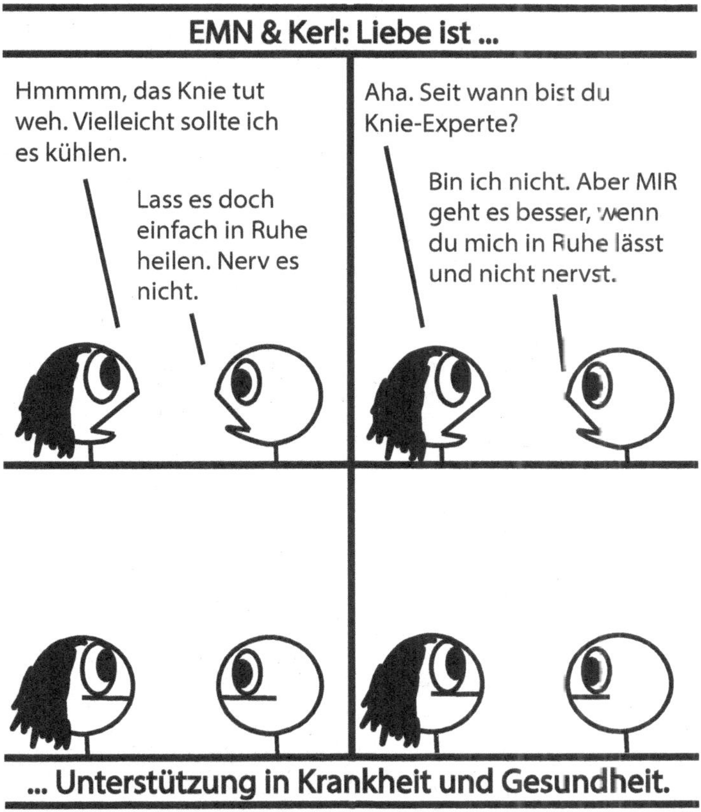

EMN & Kerl: Liebe ist ...
Hmmmm, das Knie tut weh. Vielleicht sollte ich es kühlen.
Lass es doch einfach in Ruhe heilen. Nerv es nicht.
Aha. Seit wann bist du Knie-Experte?
Bin ich nicht. Aber MIR geht es besser, wenn du mich in Ruhe lässt und nicht nervst.
... Unterstützung in Krankheit und Gesundheit.

Arschloch

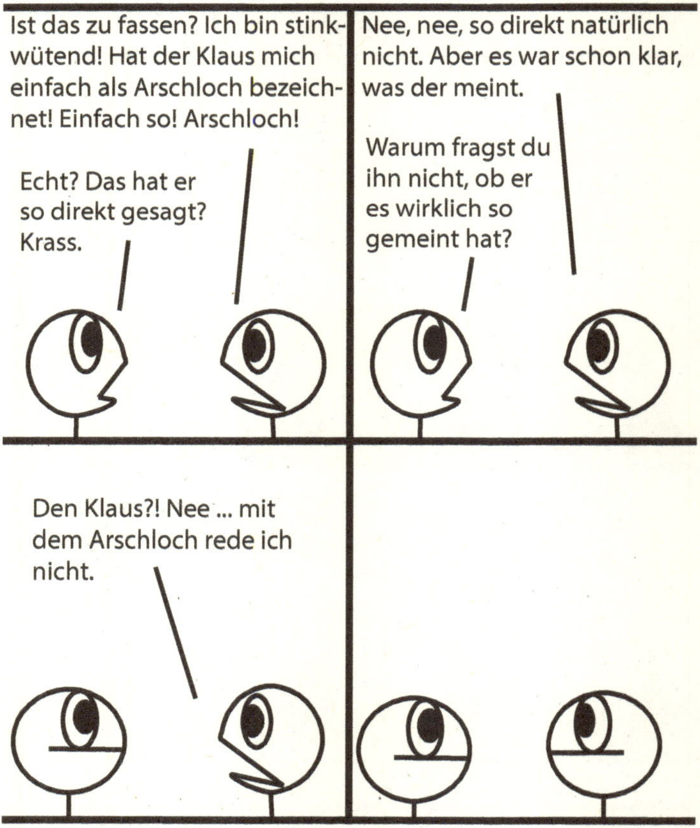
Ist das zu fassen? Ich bin stinkwütend! Hat der Klaus mich einfach als Arschloch bezeichnet! Einfach so! Arschloch!
Echt? Das hat er so direkt gesagt? Krass.
Nee, nee, so direkt natürlich nicht. Aber es war schon klar, was der meint.
Warum fragst du ihn nicht, ob er es wirklich so gemeint hat?
Den Klaus?! Nee ... mit dem Arschloch rede ich nicht.

Erwartungen

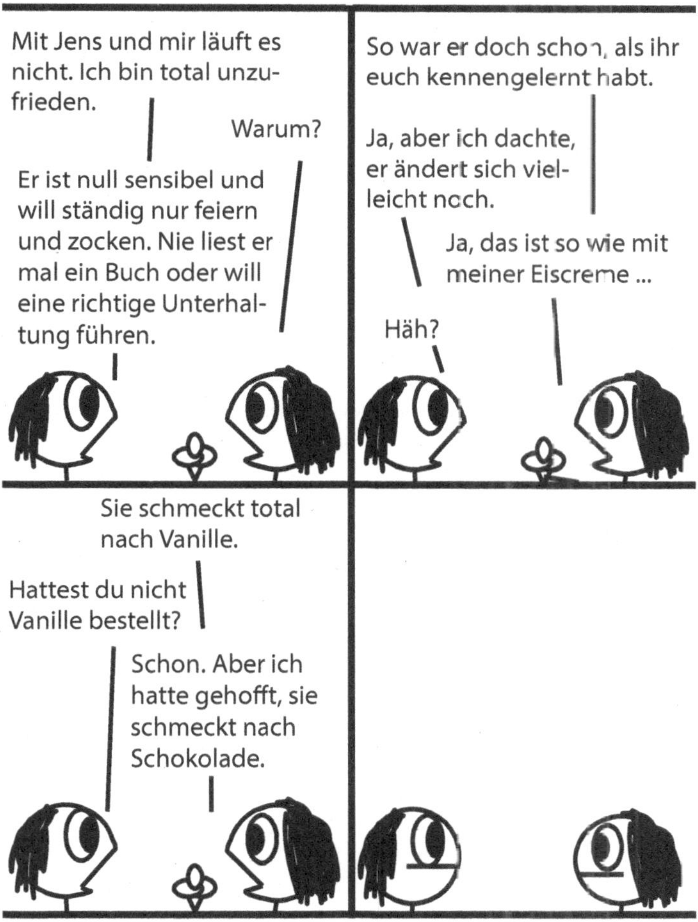
Mit Jens und mir läuft es nicht. Ich bin total unzufrieden.
Warum?
Er ist null sensibel und will ständig nur feiern und zocken. Nie liest er mal ein Buch oder will eine richtige Unterhaltung führen.
So war er doch schon, als ihr euch kennengelernt habt.
Ja, aber ich dachte, er ändert sich vielleicht noch.
Ja, das ist so wie mit meiner Eiscreme ...
Häh?
Sie schmeckt total nach Vanille.
Hattest du nicht Vanille bestellt?
Schon. Aber ich hatte gehofft, sie schmeckt nach Schokolade.

Selbstbewusst

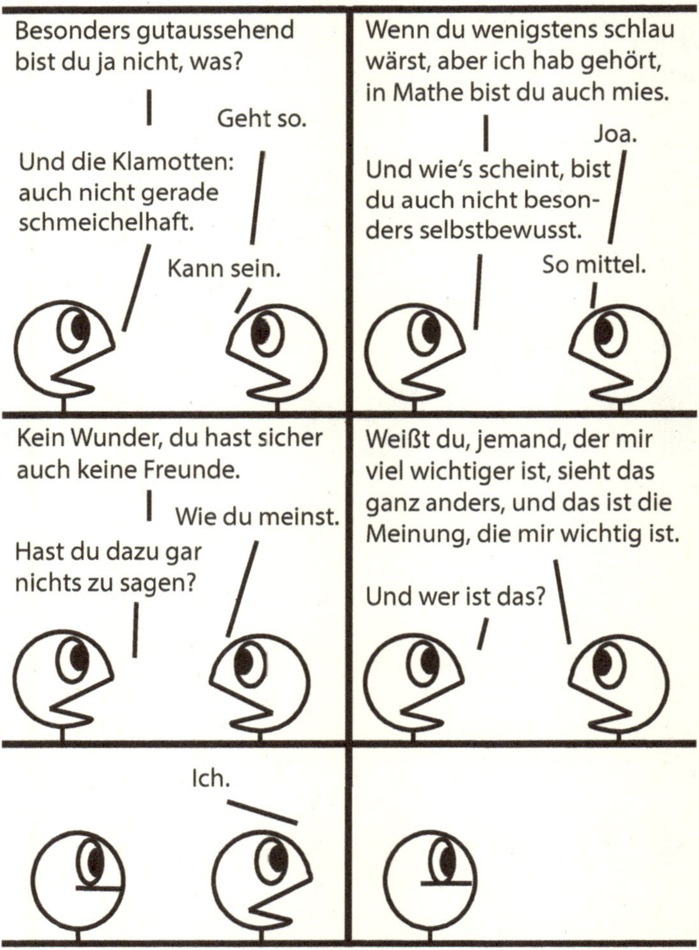
Besonders gutaussehend bist du ja nicht, was?
Geht so.
Und die Klamotten: auch nicht gerade schmeichelhaft.
Kann sein.
Wenn du wenigstens schlau wärst, aber ich hab gehört, in Mathe bist du auch mies.
Joa.
Und wie's scheint, bist du auch nicht besonders selbstbewusst.
So mittel.
Kein Wunder, du hast sicher auch keine Freunde.
Wie du meinst.
Hast du dazu gar nichts zu sagen?
Weißt du, jemand, der mir viel wichtiger ist, sieht das ganz anders, und das ist die Meinung, die mir wichtig ist.
Und wer ist das?
Ich.

Wahrnehmung

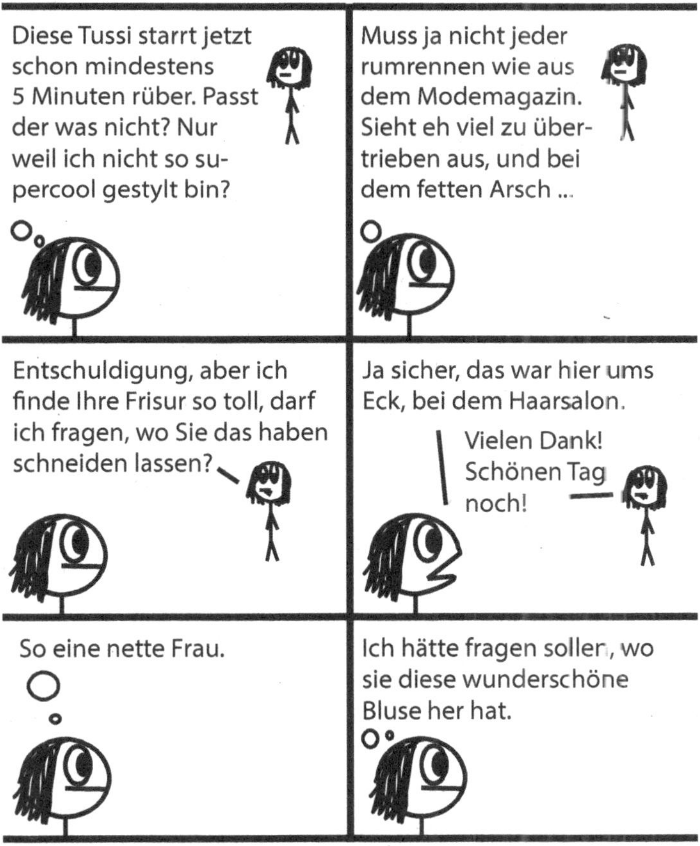
Diese Tussi starrt jetzt schon mindestens 5 Minuten rüber. Passt der was nicht? Nur weil ich nicht so supercool gestylt bin?
Muss ja nicht jeder rumrennen wie aus dem Modemagazin. Sieht eh viel zu übertrieben aus, und bei dem fetten Arsch ...
Entschuldigung, aber ich finde Ihre Frisur so toll, darf ich fragen, wo Sie das haben schneiden lassen?
Ja sicher, das war hier ums Eck, bei dem Haarsalon.
Vielen Dank! Schönen Tag noch!
So eine nette Frau.
Ich hätte fragen sollen, wo sie diese wunderschöne Bluse her hat.

EMN & Kerl 3

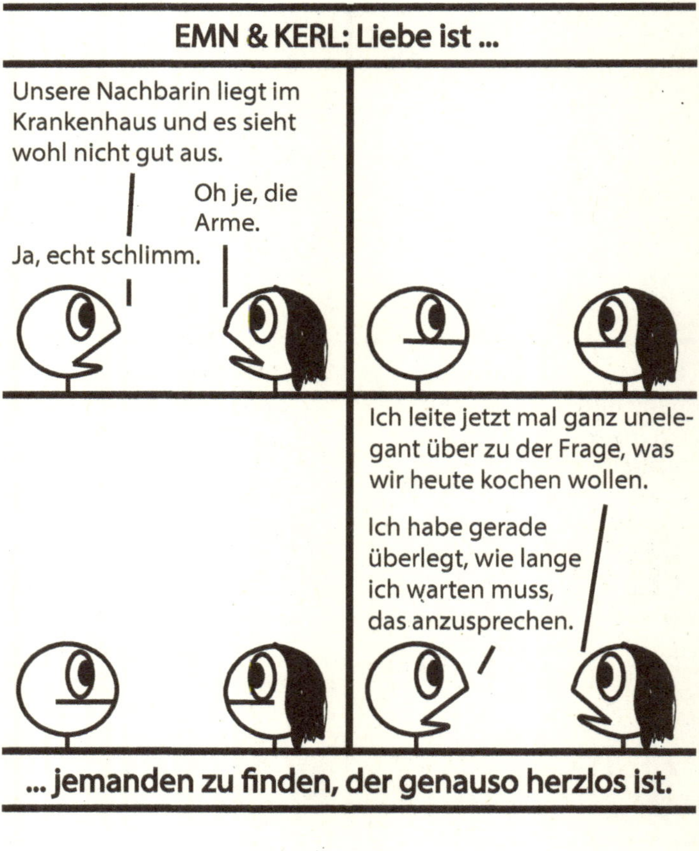
EMN & KERL: Liebe ist ...
Unsere Nachbarin liegt im Krankenhaus und es sieht wohl nicht gut aus.
Oh je, die Arme.
Ja, echt schlimm.
Ich leite jetzt mal ganz unelegant über zu der Frage, was wir heute kochen wollen.
Ich habe gerade überlegt, wie lange ich warten muss, das anzusprechen.
... jemanden zu finden, der genauso herzlos ist.

EMN & Kerl 4

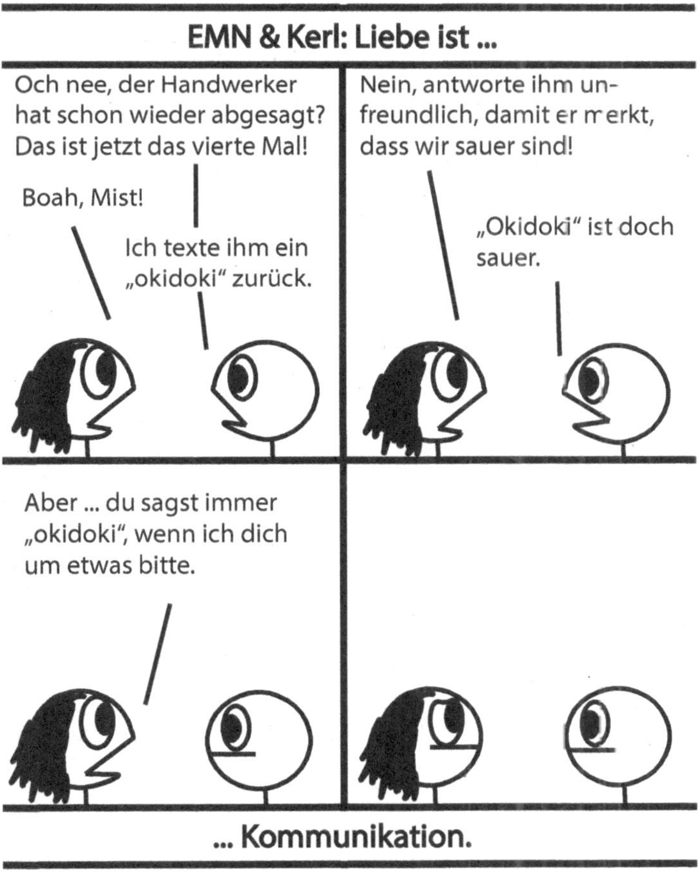
EMN & Kerl: Liebe ist ...
Och nee, der Handwerker hat schon wieder abgesagt? Das ist jetzt das vierte Mal!
Boah, Mist!
Ich texte ihm ein „okidoki“ zurück.
Nein, antworte ihm unfreundlich, damit er merkt, dass wir sauer sind!
„Okidoki“ ist doch sauer.
Aber ... du sagst immer „okidoki“, wenn ich dich um etwas bitte.
... Kommunikation.

Schlau

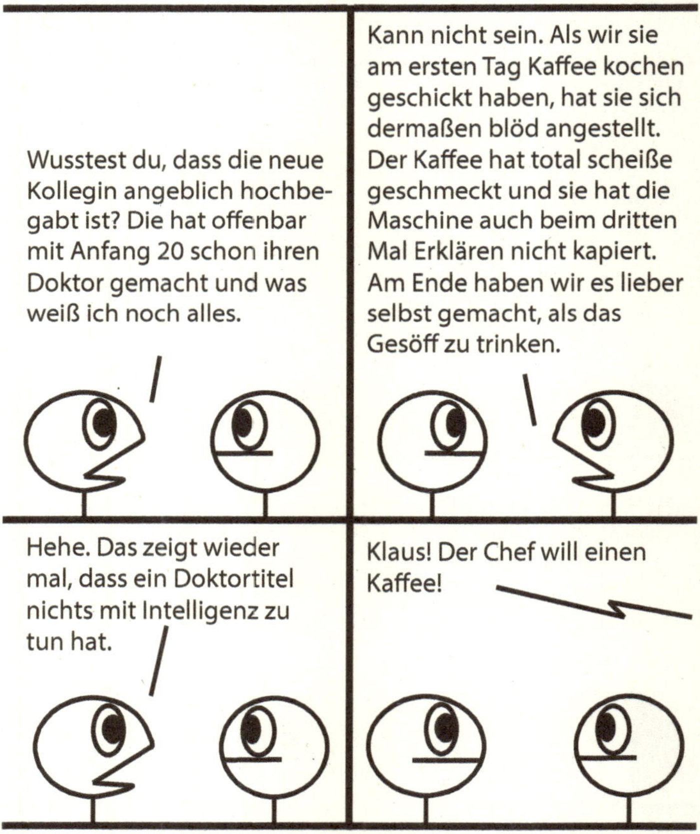
Wusstest du, dass die neue Kollegin angeblich hochbegabt ist? Die hat offenbar mit Anfang 20 schon ihren Doktor gemacht und was weiß ich noch alles.
Kann nicht sein. Als wir sie am ersten Tag Kaffee kochen geschickt haben, hat sie sich dermaßen blöd angestellt. Der Kaffee hat total scheiße geschmeckt und sie hat die Maschine auch beim dritten Mal Erklären nicht kapiert. Am Ende haben wir es lieber selbst gemacht, als das Gesöff zu trinken.
Hehe. Das zeigt wieder mal, dass ein Doktortitel nichts mit Intelligenz zu tun hat.
Klaus! Der Chef will einen Kaffee!

Mittelpunkt

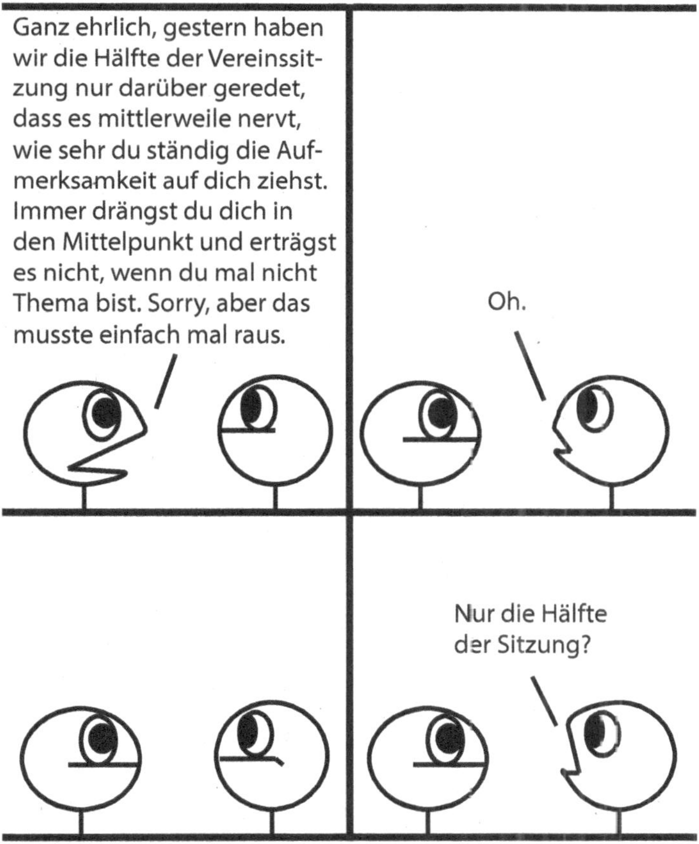
Ganz ehrlich, gestern haben wir die Hälfte der Vereinssitzung nur darüber geredet, dass es mittlerweile nervt, wie sehr du ständig die Aufmerksamkeit auf dich ziehst. Immer drängst du dich in den Mittelpunkt und erträgst es nicht, wenn du mal nicht Thema bist. Sorry, aber das musste einfach mal raus.
Oh.
Nur die Hälfte der Sitzung?

Arbeitslogik

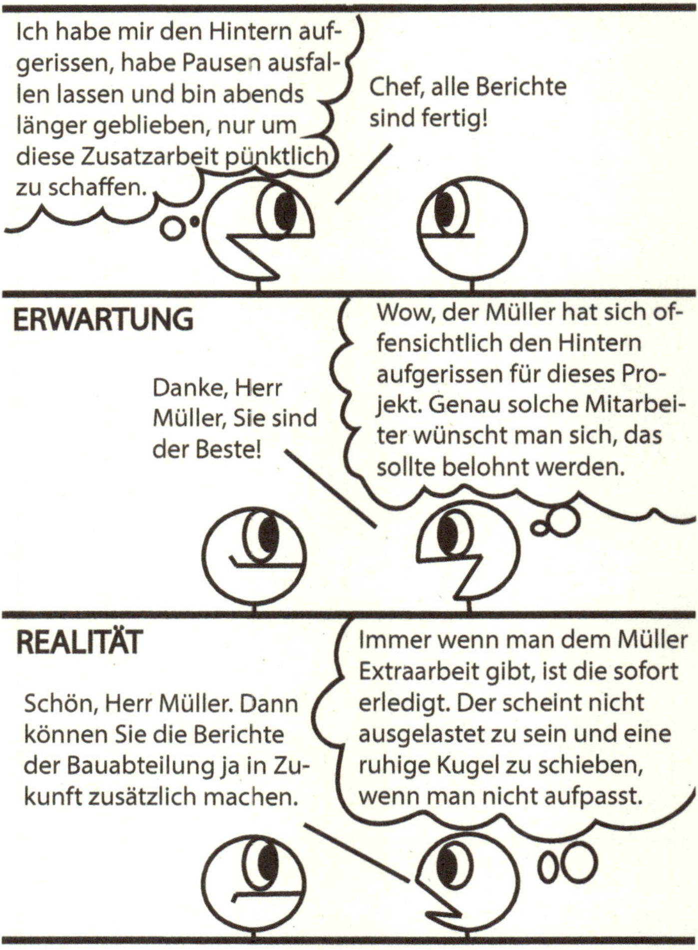
Ich habe mir den Hintern aufgerissen, habe Pausen ausfallen lassen und bin abends länger geblieben, nur um diese Zusatzarbeit pünktlich zu schaffen.
Chef, alle Berichte sind fertig!
ERWARTUNG
Danke, Herr Müller, Sie sind der Beste!
Wow, der Müller hat sich offensichtlich den Hintern aufgerissen für dieses Projekt. Genau solche Mitarbeiter wünscht man sich, das sollte belohnt werden.
REALITÄT
Schön, Herr Müller. Dann können Sie die Berichte der Bauabteilung ja in Zukunft zusätzlich machen.
Immer wenn man dem Müller Extraarbeit gibt, ist die sofort erledigt. Der scheint nicht ausgelastet zu sein und eine ruhige Kugel zu schieben, wenn man nicht aufpasst.

Beziehungen

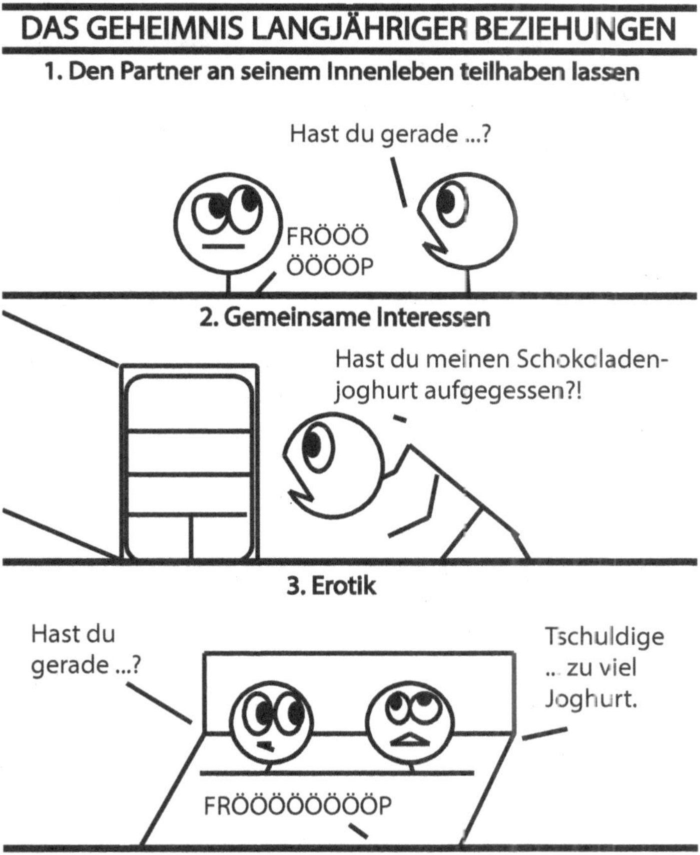
DAS GEHEIMNIS LANGJÄHRIGER BEZIEHUNGEN
1. Den Partner an seinem Innenleben teilhaben lassen
Hast du gerade ...?
FRÖÖÖ ÖÖÖÖP
2. Gemeinsame Interessen
Hast du meinen Schokoladen-joghurt aufgegessen?!
3. Erotik
Hast du gerade ...?
Tschuldige ... zu viel Joghurt.
FRÖÖÖÖÖÖÖÖP

Brüste

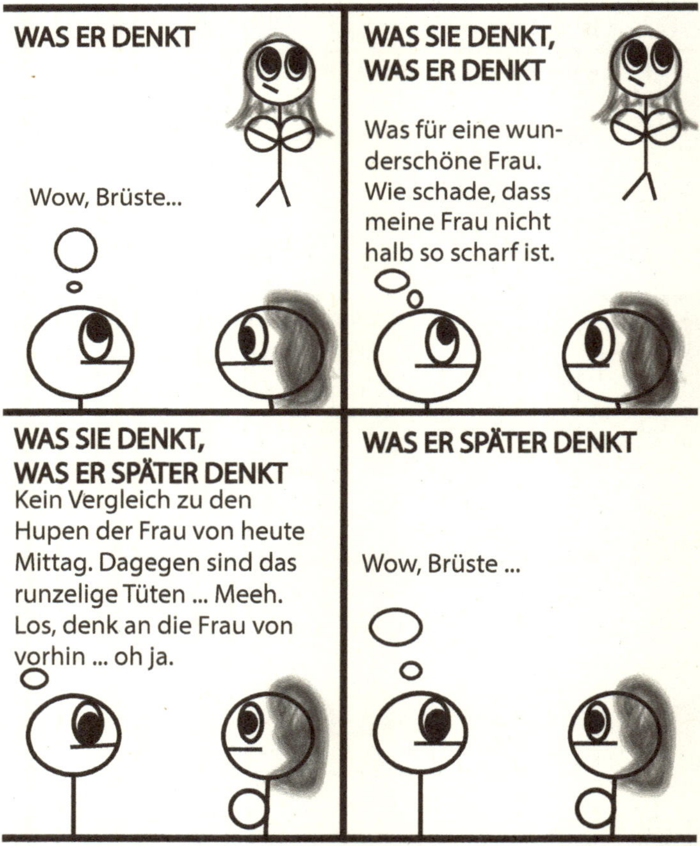
WAS ER DENKT
Wow, Brüste...
WAS SIE DENKT, WAS ER DENKT
Was für eine wunderschöne Frau. Wie schade, dass meine Frau nicht halb so scharf ist.
WAS SIE DENKT, WAS ER SPÄTER DENKT
Kein Vergleich zu den Hupen der Frau von heute Mittag. Dagegen sind das runzelige Tüten ... Meeh. Los, denk an die Frau von vorhin ... oh ja.
WAS ER SPÄTER DENKT
Wow, Brüste ...

Starke Frauen

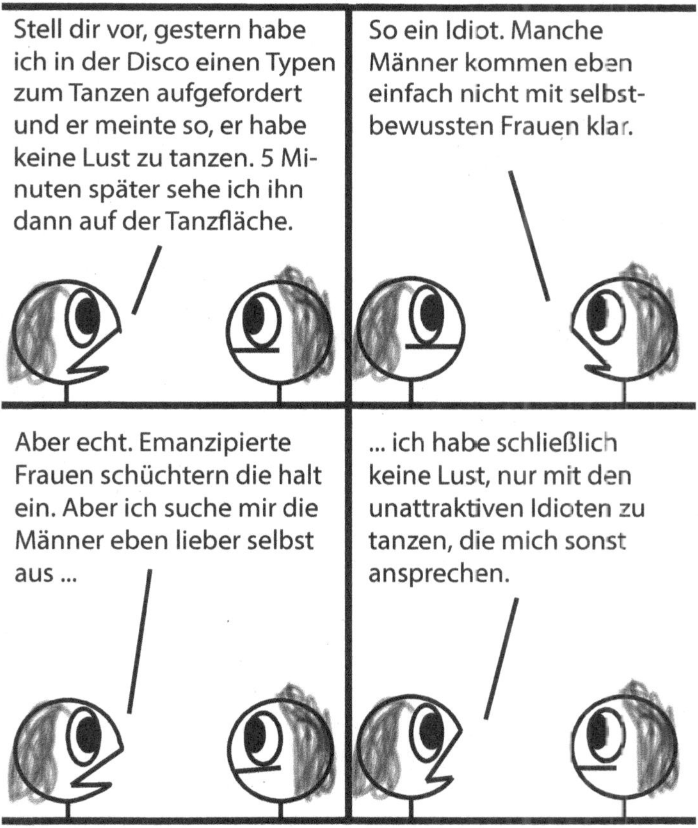
Stell dir vor, gestern habe ich in der Disco einen Typen zum Tanzen aufgefordert und er meinte so, er habe keine Lust zu tanzen. 5 Minuten später sehe ich ihn dann auf der Tanzfläche.
So ein Idiot. Manche Männer kommen eben einfach nicht mit selbstbewussten Frauen klar.
Aber echt. Emanzipierte Frauen schüchtern die halt ein. Aber ich suche mir die Männer eben lieber selbst aus ...
... ich habe schließlich keine Lust, nur mit den unattraktiven Idioten zu tanzen, die mich sonst ansprechen.

Rechtfertigung

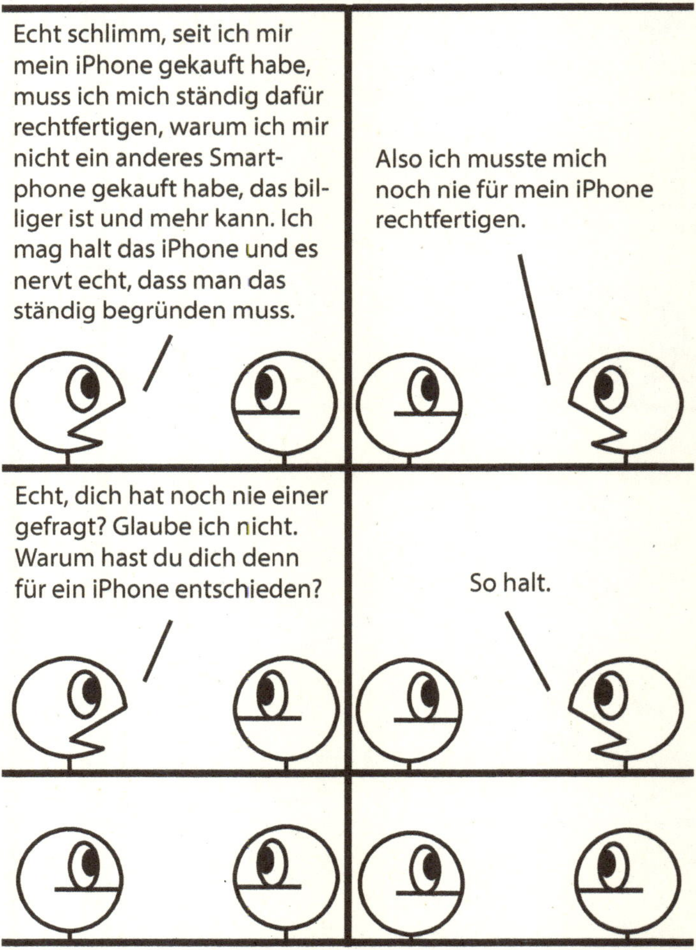
Echt schlimm, seit ich mir mein iPhone gekauft habe, muss ich mich ständig dafür rechtfertigen, warum ich mir nicht ein anderes Smart- phone gekauft habe, das bil- liger ist und mehr kann. Ich mag halt das iPhone und es nervt echt, dass man das ständig begründen muss.
Also ich musste mich noch nie für mein iPhone rechtfertigen.
Echt, dich hat noch nie einer gefragt? Glaube ich nicht. Warum hast du dich denn für ein iPhone entschieden?
So halt.

Wolke

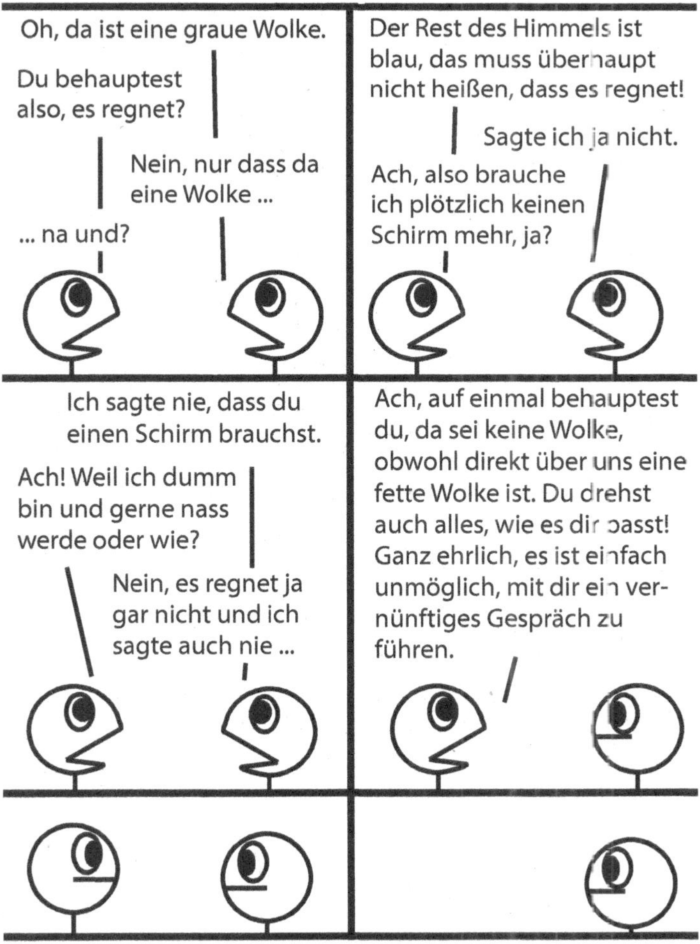
Oh, da ist eine graue Wolke.
Du behauptest also, es regnet?
Nein, nur dass da eine Wolke ...
... na und?
Der Rest des Himmels ist blau, das muss überhaupt nicht heißen, dass es regnet!
Sagte ich ja nicht.
Ach, also brauche ich plötzlich keinen Schirm mehr, ja?
Ich sagte nie, dass du einen Schirm brauchst.
Ach! Weil ich dumm bin und gerne nass werde oder wie?
Nein, es regnet ja gar nicht und ich sagte auch nie ...
Ach, auf einmal behauptest du, da sei keine Wolke, obwohl direkt über uns eine fette Wolke ist. Du drehst auch alles, wie es dir passt! Ganz ehrlich, es ist einfach unmöglich, mit dir ein vernünftiges Gespräch zu führen.

EMN & Kerl 5

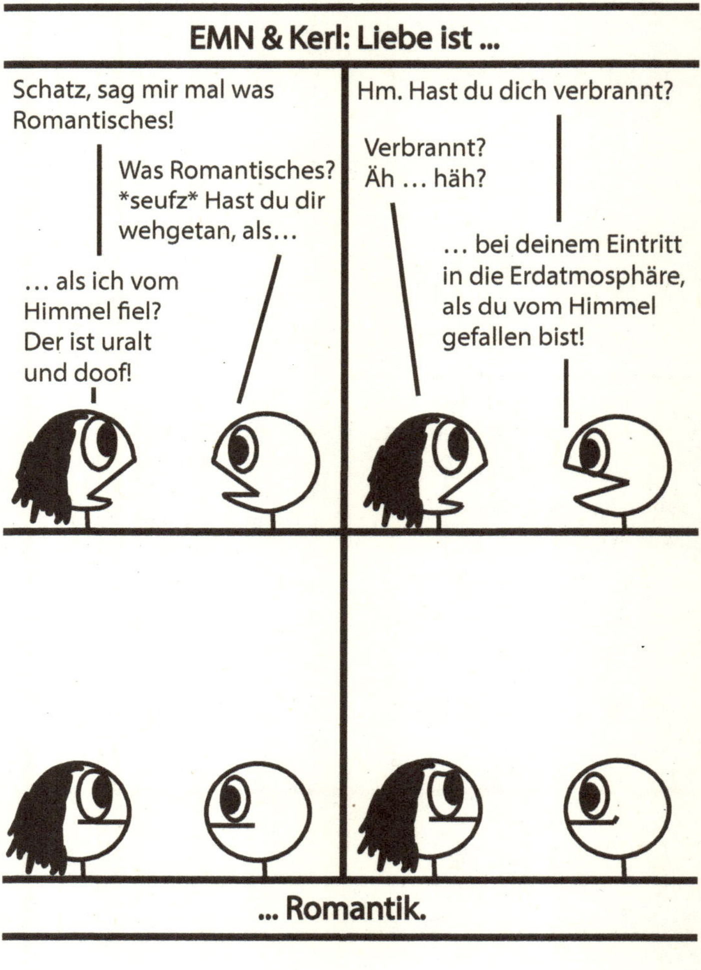
EMN & Kerl: Liebe ist ...
Schatz, sag mir mal was Romantisches!
Was Romantisches? *seufz* Hast du dir wehgetan, als…
… als ich vom Himmel fiel? Der ist uralt und doof!
Hm. Hast du dich verbrannt?
Verbrannt? Äh … häh?
… bei deinem Eintritt in die Erdatmosphäre, als du vom Himmel gefallen bist!
... Romantik.

EMN & Kerl 6

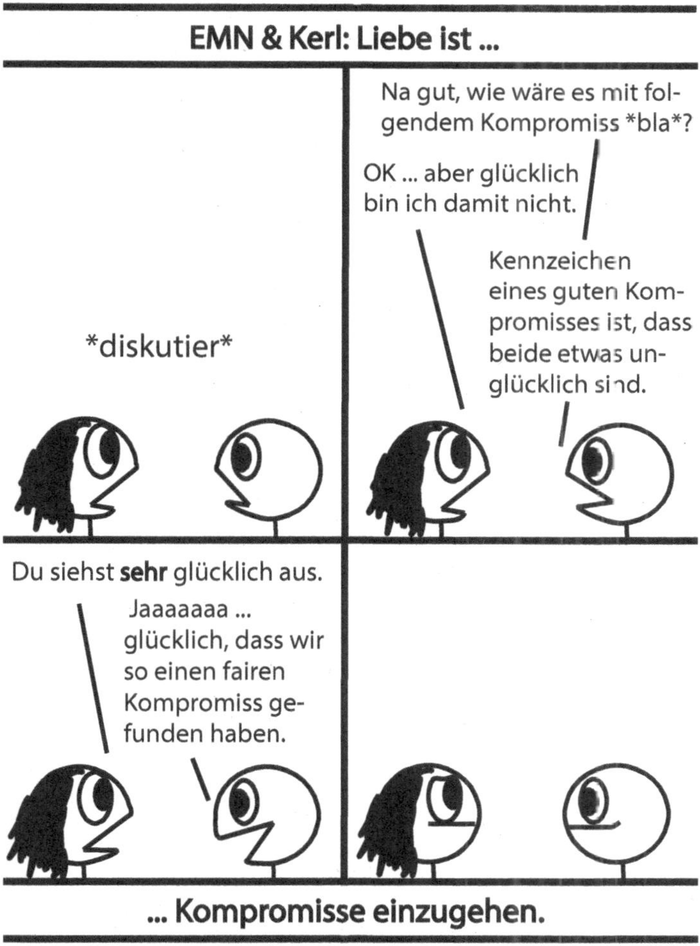
EMN & Kerl: Liebe ist ...
diskutier
Na gut, wie wäre es mit folgendem Kompromiss *bla*?
OK ... aber glücklich bin ich damit nicht.
Kennzeichen eines guten Kompromisses ist, dass beide etwas unglücklich sind.
Du siehst **sehr** glücklich aus.
Jaaaaaaa ... glücklich, dass wir so einen fairen Kompromiss gefunden haben.
... Kompromisse einzugehen.

Weibliche Aggression

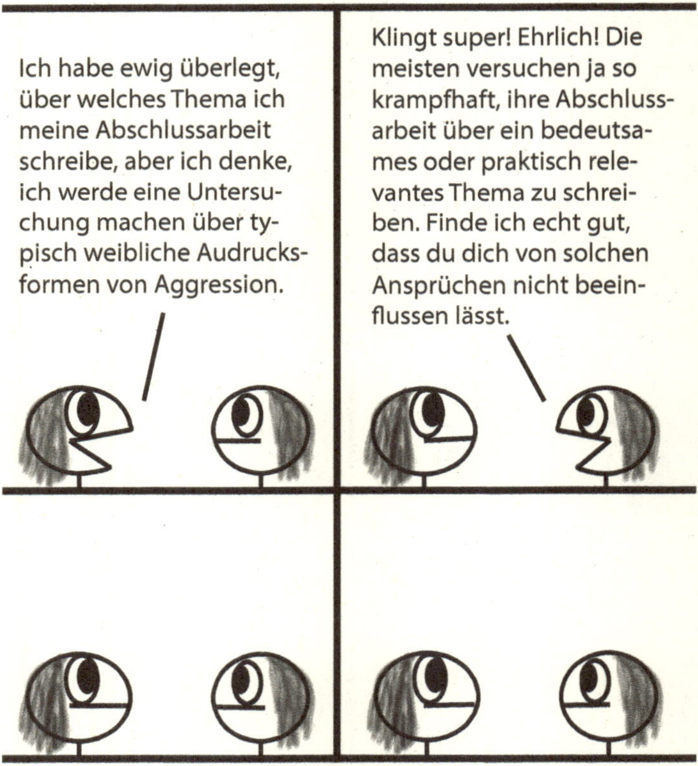
Ich habe ewig überlegt, über welches Thema ich meine Abschlussarbeit schreibe, aber ich denke, ich werde eine Untersuchung machen über typisch weibliche Audrucksformen von Aggression.
Klingt super! Ehrlich! Die meisten versuchen ja so krampfhaft, ihre Abschlussarbeit über ein bedeutsames oder praktisch relevantes Thema zu schreiben. Finde ich echt gut, dass du dich von solchen Ansprüchen nicht beeinflussen lässt.

So leben

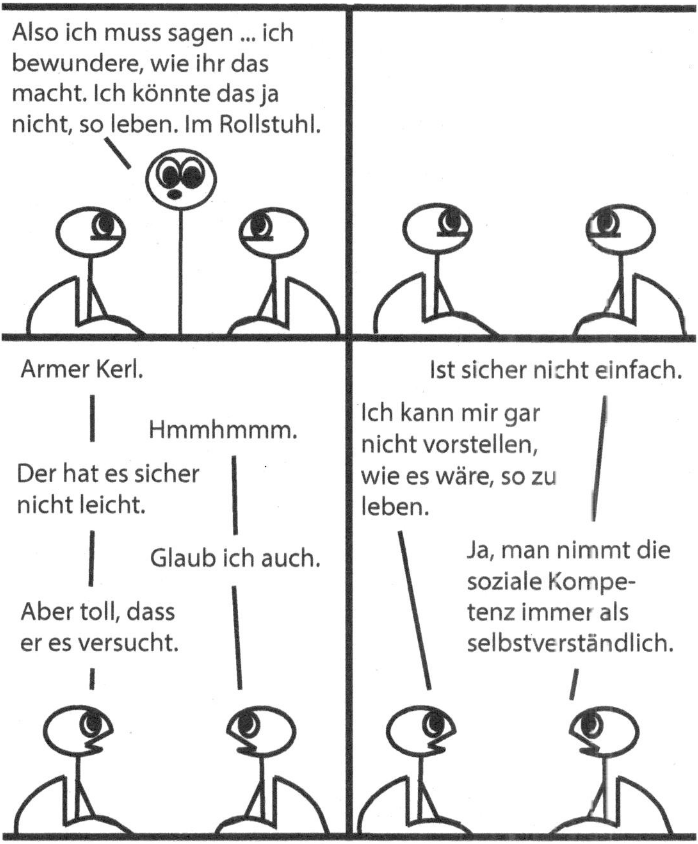
Also ich muss sagen ... ich bewundere, wie ihr das macht. Ich könnte das ja nicht, so leben. Im Rollstuhl.
Armer Kerl.
Hmmhmmm.
Der hat es sicher nicht leicht.
Glaub ich auch.
Aber toll, dass er es versucht.
Ist sicher nicht einfach.
Ich kann mir gar nicht vorstellen, wie es wäre, so zu leben.
Ja, man nimmt die soziale Kompetenz immer als selbstverständlich.

Internetchat

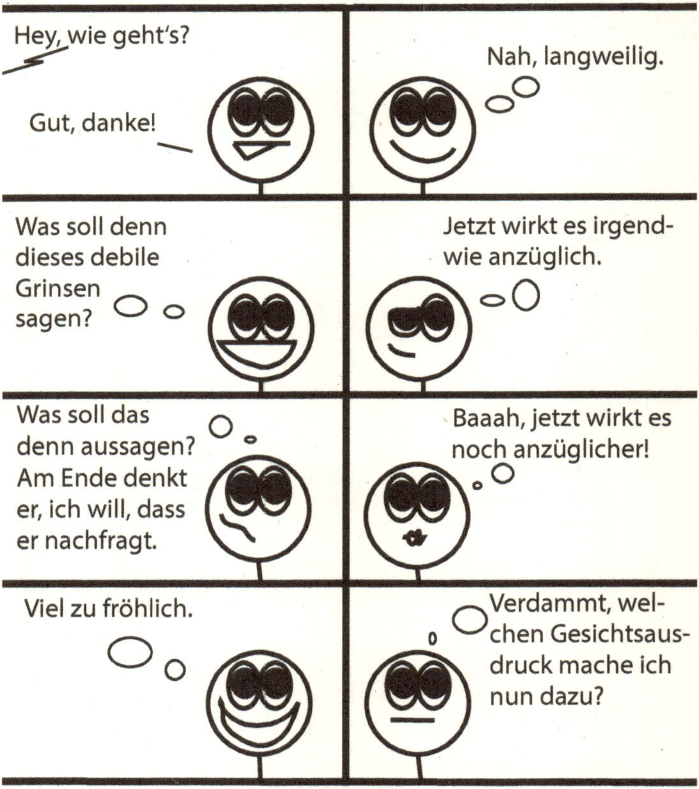
Hey, wie geht's?
Gut, danke!
Nah, langweilig.
Was soll denn dieses debile Grinsen sagen?
Jetzt wirkt es irgendwie anzüglich.
Was soll das denn aussagen? Am Ende denkt er, ich will, dass er nachfragt.
Baaah, jetzt wirkt es noch anzüglicher!
Viel zu fröhlich.
Verdammt, welchen Gesichtsausdruck mache ich nun dazu?

Wenn das reale Leben wie ein Internetchat wäre ... ~~:)~~ ~~:)~~ :D

Misanthrop

Ich hasse dich wirklich unterdurchschnittlich stark, und wenn ich endlich eine Möglichkeit fände, die gesamte Menschheit auszurotten, würde ich fast so etwas wie Bedauern dabei verspüren, dich mit dem tödlichen Virus zu infizieren, der deine Organe auflösen und dich qualvoll innerlich verbluten lassen würde.

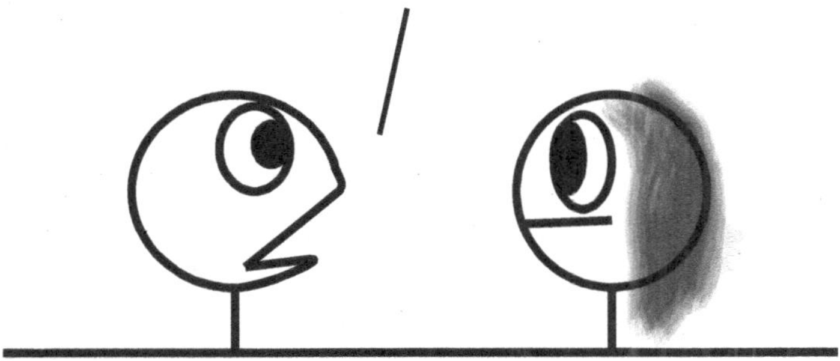

Wenn Misanthropen lieben ...

Keine Diskussion

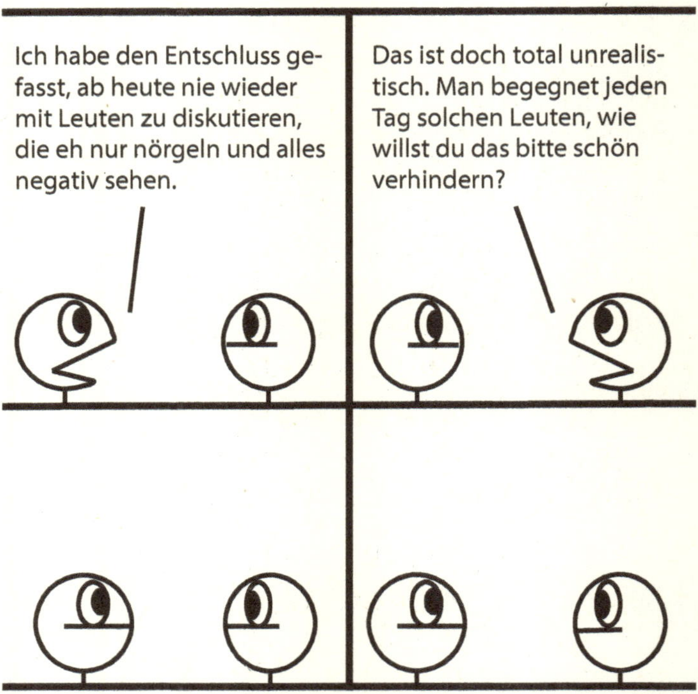
Ich habe den Entschluss gefasst, ab heute nie wieder mit Leuten zu diskutieren, die eh nur nörgeln und alles negativ sehen.
Das ist doch total unrealistisch. Man begegnet jeden Tag solchen Leuten, wie willst du das bitte schön verhindern?

Empörung

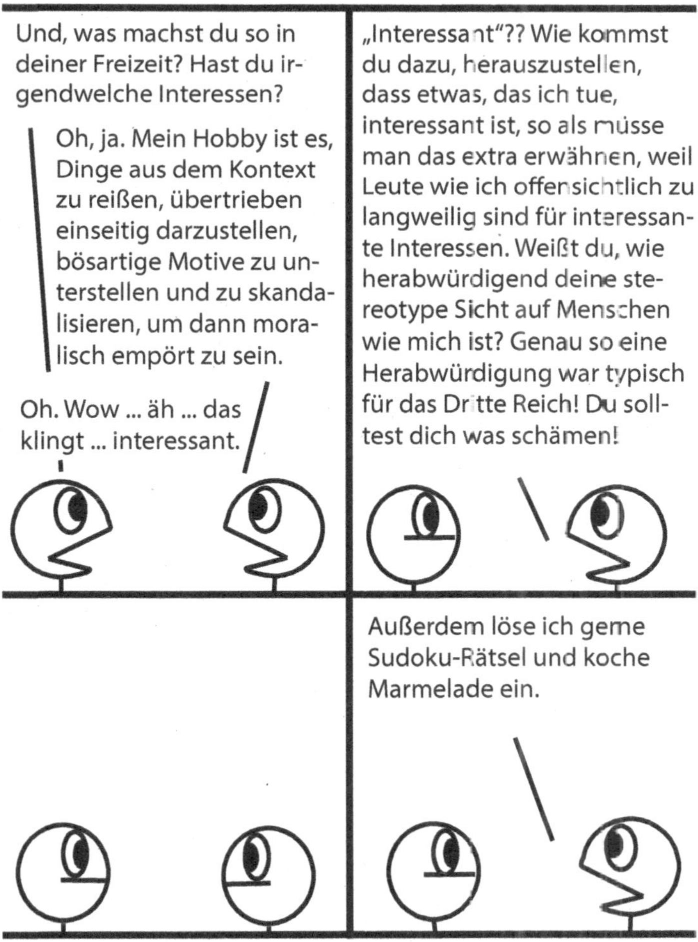

Und, was machst du so in deiner Freizeit? Hast du irgendwelche Interessen?
Oh, ja. Mein Hobby ist es, Dinge aus dem Kontext zu reißen, übertrieben einseitig darzustellen, bösartige Motive zu unterstellen und zu skandalisieren, um dann moralisch empört zu sein.
Oh. Wow ... äh ... das klingt ... interessant.
„Interessant“?? Wie kommst du dazu, herauszustellen, dass etwas, das ich tue, interessant ist, so als müsse man das extra erwähnen, weil Leute wie ich offensichtlich zu langweilig sind für interessante Interessen. Weißt du, wie herabwürdigend deine stereotype Sicht auf Menschen wie mich ist? Genau so eine Herabwürdigung war typisch für das Dritte Reich! Du solltest dich was schämen!
Außerdem löse ich gerne Sudoku-Rätsel und koche Marmelade ein.

Betrug

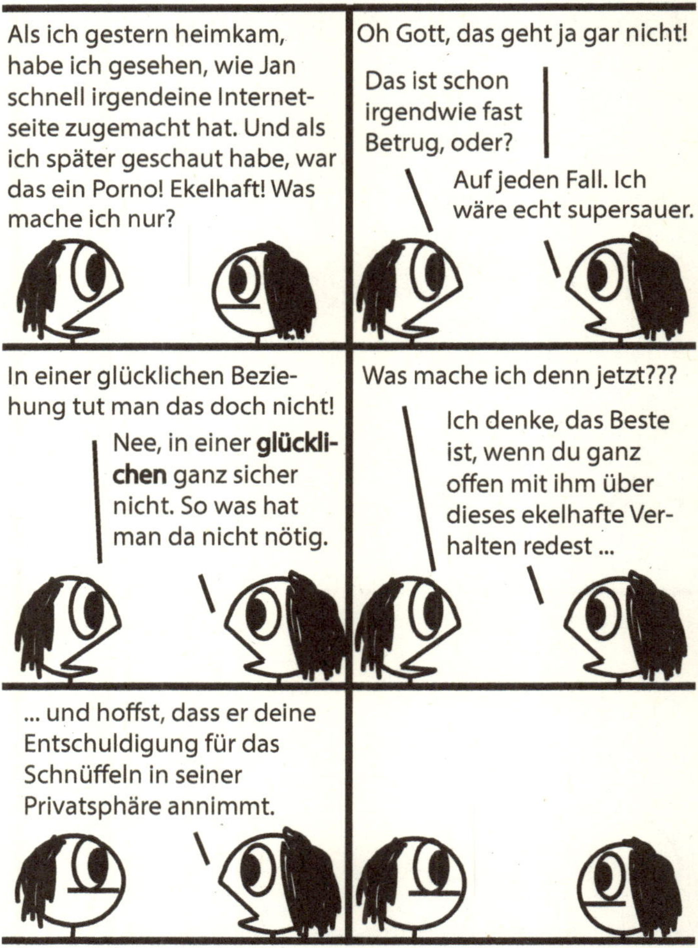
Als ich gestern heimkam, habe ich gesehen, wie Jan schnell irgendeine Internetseite zugemacht hat. Und als ich später geschaut habe, war das ein Porno! Ekelhaft! Was mache ich nur?
Oh Gott, das geht ja gar nicht!
Das ist schon irgendwie fast Betrug, oder?
Auf jeden Fall. Ich wäre echt supersauer.
In einer glücklichen Beziehung tut man das doch nicht!
Nee, in einer **glücklichen** ganz sicher nicht. So was hat man da nicht nötig.
Was mache ich denn jetzt???
Ich denke, das Beste ist, wenn du ganz offen mit ihm über dieses ekelhafte Verhalten redest ...
... und hoffst, dass er deine Entschuldigung für das Schnüffeln in seiner Privatsphäre annimmt.

Perfekte Stiefel

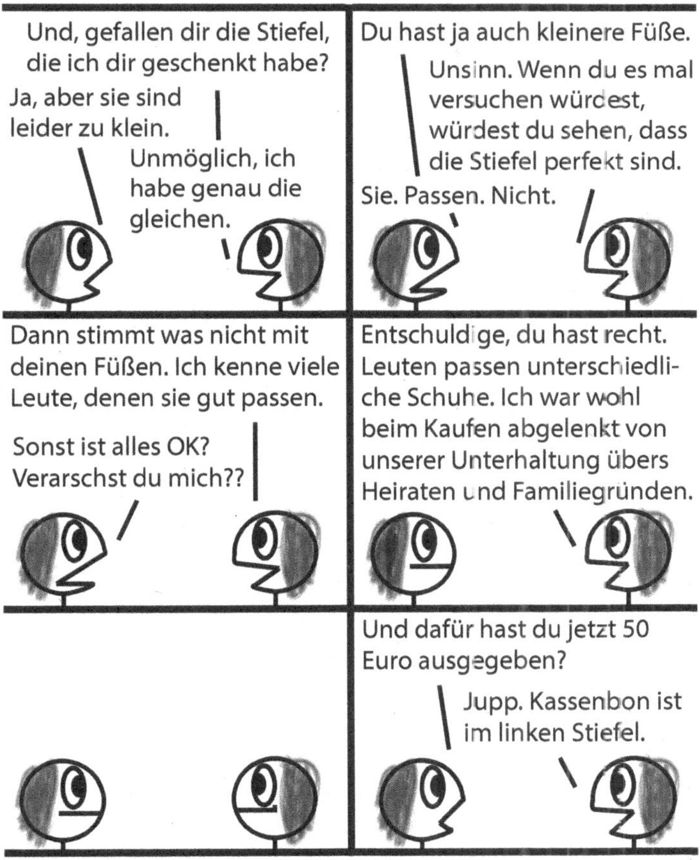
Und, gefallen dir die Stiefel, die ich dir geschenkt habe?
Ja, aber sie sind leider zu klein.
Unmöglich, ich habe genau die gleichen.
Du hast ja auch kleinere Füße.
Unsinn. Wenn du es mal versuchen würdest, würdest du sehen, dass die Stiefel perfekt sind.
Sie. Passen. Nicht.
Dann stimmt was nicht mit deinen Füßen. Ich kenne viele Leute, denen sie gut passen.
Sonst ist alles OK?
Verarschst du mich??
Entschuldige, du hast recht. Leuten passen unterschiedliche Schuhe. Ich war wohl beim Kaufen abgelenkt von unserer Unterhaltung übers Heiraten und Familiegründen.
Und dafür hast du jetzt 50 Euro ausgegeben?
Jupp. Kassenbon ist im linken Stiefel.

Nachbarin

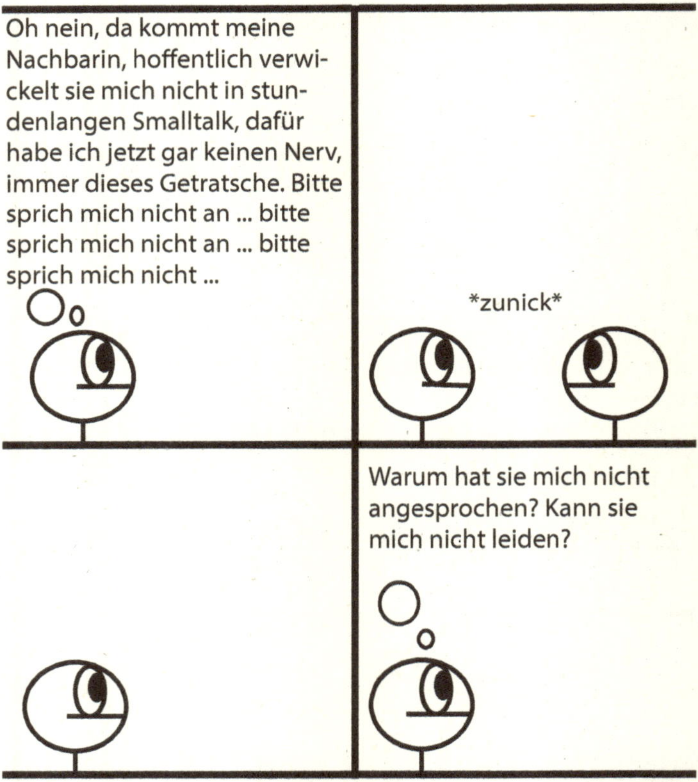
Oh nein, da kommt meine Nachbarin, hoffentlich verwickelt sie mich nicht in stundenlangen Smalltalk, dafür habe ich jetzt gar keinen Nerv, immer dieses Getratsche. Bitte sprich mich nicht an ... bitte sprich mich nicht an ... bitte sprich mich nicht ...
zunick
Warum hat sie mich nicht angesprochen? Kann sie mich nicht leiden?

Sozialkompetenz

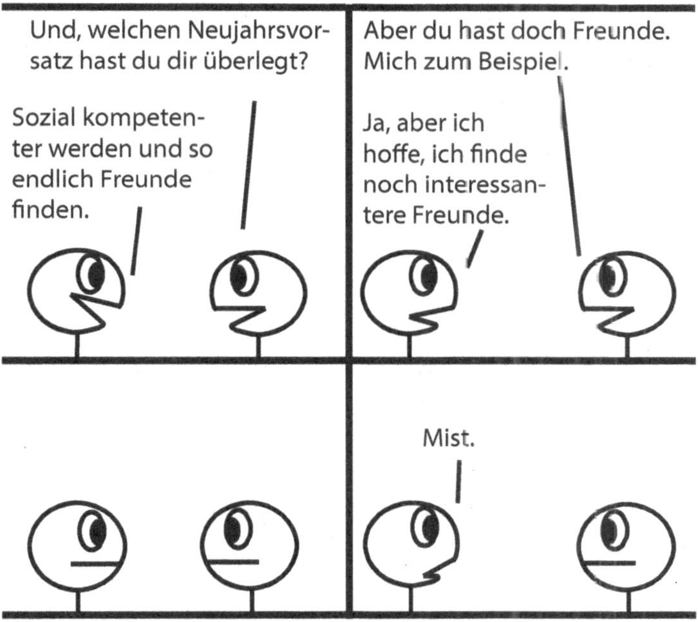
Und, welchen Neujahrsvorsatz hast du dir überlegt?
Sozial kompetenter werden und so endlich Freunde finden.
Aber du hast doch Freunde. Mich zum Beispiel.
Ja, aber ich hoffe, ich finde noch interessantere Freunde.
Mist.

Unbegründet

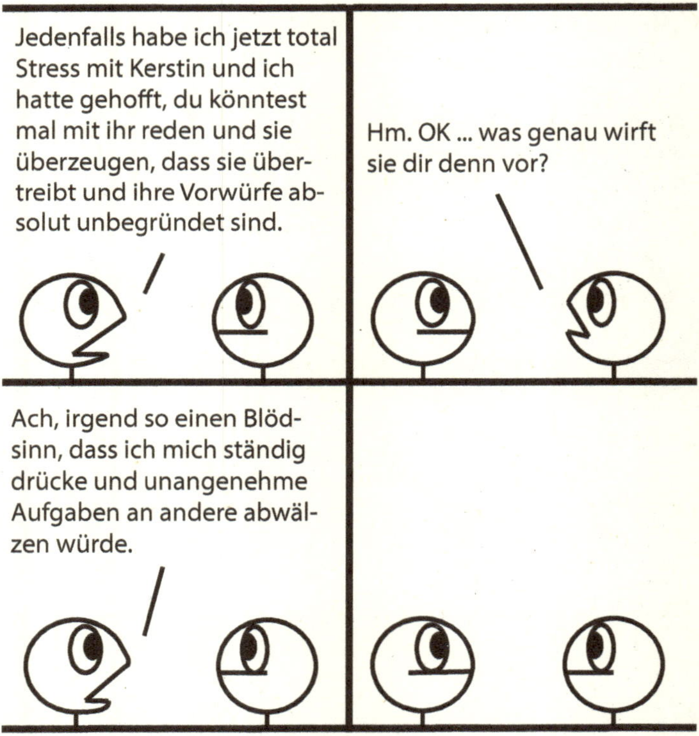
Jedenfalls habe ich jetzt total Stress mit Kerstin und ich hatte gehofft, du könntest mal mit ihr reden und sie überzeugen, dass sie übertreibt und ihre Vorwürfe absolut unbegründet sind.
Hm. OK ... was genau wirft sie dir denn vor?
Ach, irgend so einen Blödsinn, dass ich mich ständig drücke und unangenehme Aufgaben an andere abwälzen würde.

Toller Freund

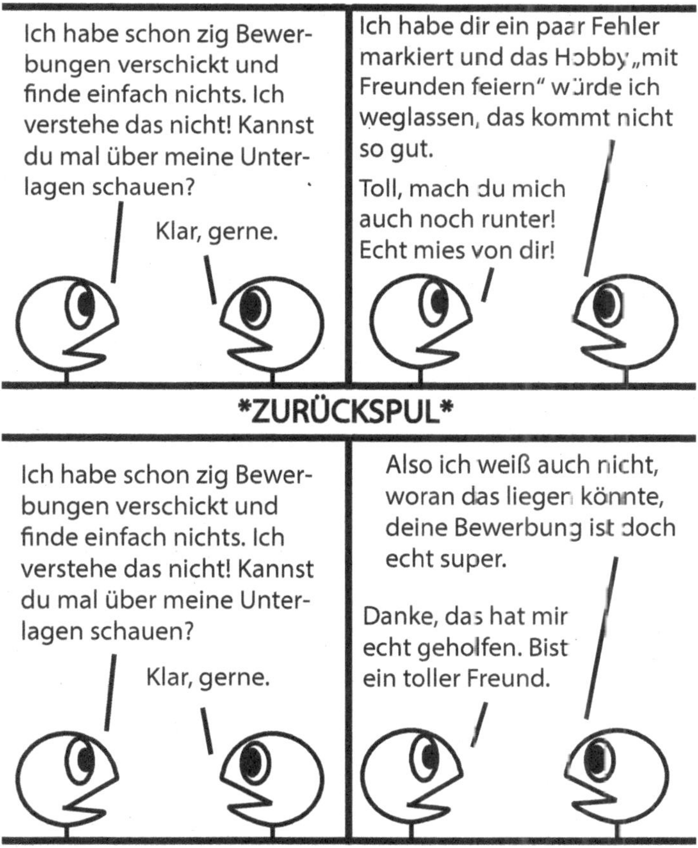
Ich habe schon zig Bewerbungen verschickt und finde einfach nichts. Ich verstehe das nicht! Kannst du mal über meine Unterlagen schauen?
Klar, gerne.
Ich habe dir ein paar Fehler markiert und das Hobby „mit Freunden feiern" würde ich weglassen, das kommt nicht so gut.
Toll, mach du mich auch noch runter! Echt mies von dir!
ZURÜCKSPUL
Ich habe schon zig Bewerbungen verschickt und finde einfach nichts. Ich verstehe das nicht! Kannst du mal über meine Unterlagen schauen?
Klar, gerne.
Also ich weiß auch nicht, woran das liegen könnte, deine Bewerbung ist doch echt super.
Danke, das hat mir echt geholfen. Bist ein toller Freund.

EMN & Kerl 7

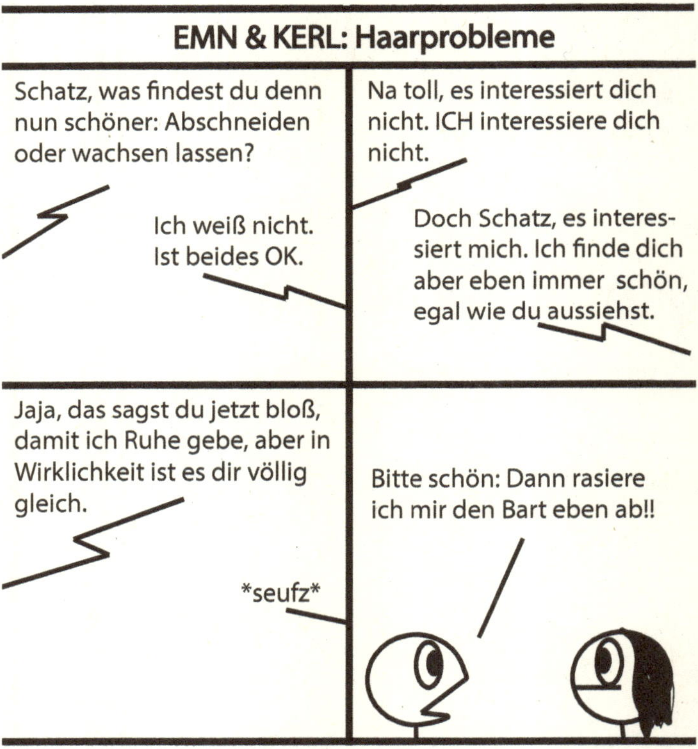
EMN & KERL: Haarprobleme
Schatz, was findest du denn nun schöner: Abschneiden oder wachsen lassen?
Ich weiß nicht. Ist beides OK.
Na toll, es interessiert dich nicht. ICH interessiere dich nicht.
Doch Schatz, es interessiert mich. Ich finde dich aber eben immer schön, egal wie du aussiehst.
Jaja, das sagst du jetzt bloß, damit ich Ruhe gebe, aber in Wirklichkeit ist es dir völlig gleich.
seufz
Bitte schön: Dann rasiere ich mir den Bart eben ab!!

EMN & Kerl 8

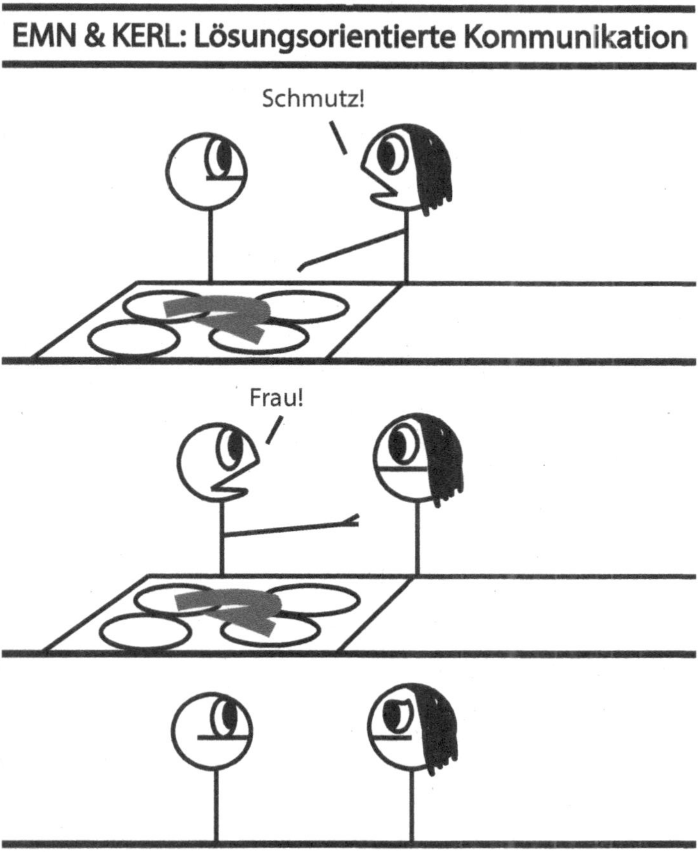
EMN & KERL: Lösungsorientierte Kommunikation
Schmutz!
Frau!

Mütter

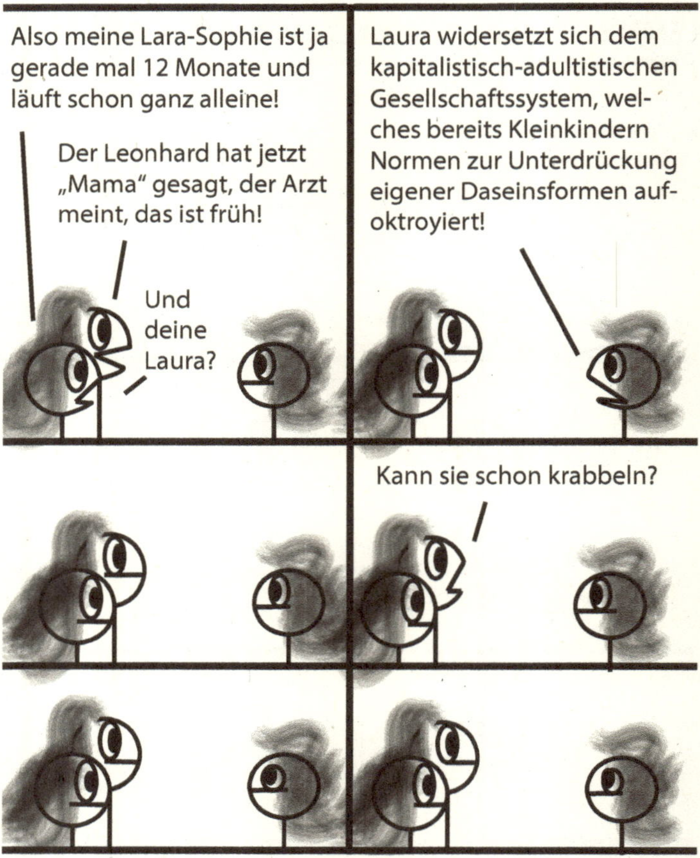
Also meine Lara-Sophie ist ja gerade mal 12 Monate und läuft schon ganz alleine!
Der Leonhard hat jetzt „Mama“ gesagt, der Arzt meint, das ist früh!
Und deine Laura?
Laura widersetzt sich dem kapitalistisch-adultistischen Gesellschaftssystem, welches bereits Kleinkindern Normen zur Unterdrückung eigener Daseinsformen aufoktroyiert!
Kann sie schon krabbeln?

Idiot

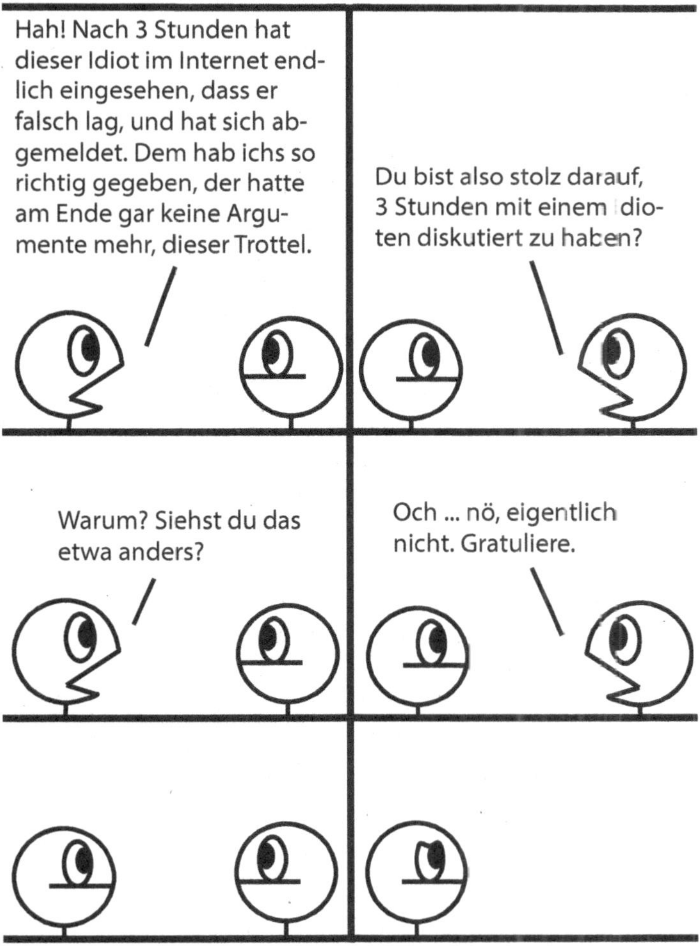
Hah! Nach 3 Stunden hat dieser Idiot im Internet endlich eingesehen, dass er falsch lag, und hat sich abgemeldet. Dem hab ichs so richtig gegeben, der hatte am Ende gar keine Argumente mehr, dieser Trottel.
Du bist also stolz darauf, 3 Stunden mit einem Idioten diskutiert zu haben?
Warum? Siehst du das etwa anders?
Och ... nö, eigentlich nicht. Gratuliere.

PMS

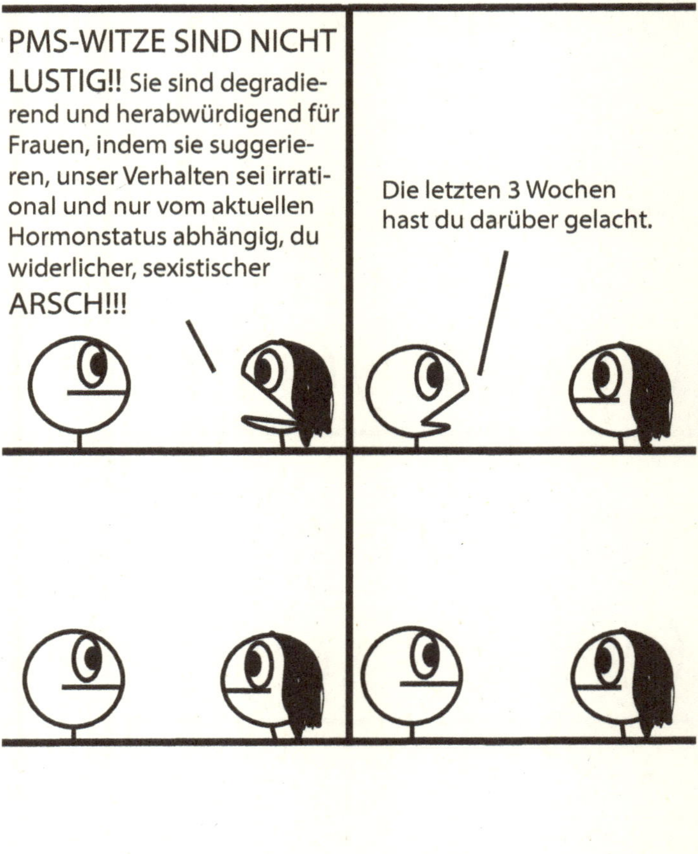
PMS-WITZE SIND NICHT LUSTIG!! Sie sind degradierend und herabwürdigend für Frauen, indem sie suggerieren, unser Verhalten sei irrational und nur vom aktuellen Hormonstatus abhängig, du widerlicher, sexistischer ARSCH!!!
Die letzten 3 Wochen hast du darüber gelacht.

Lästern

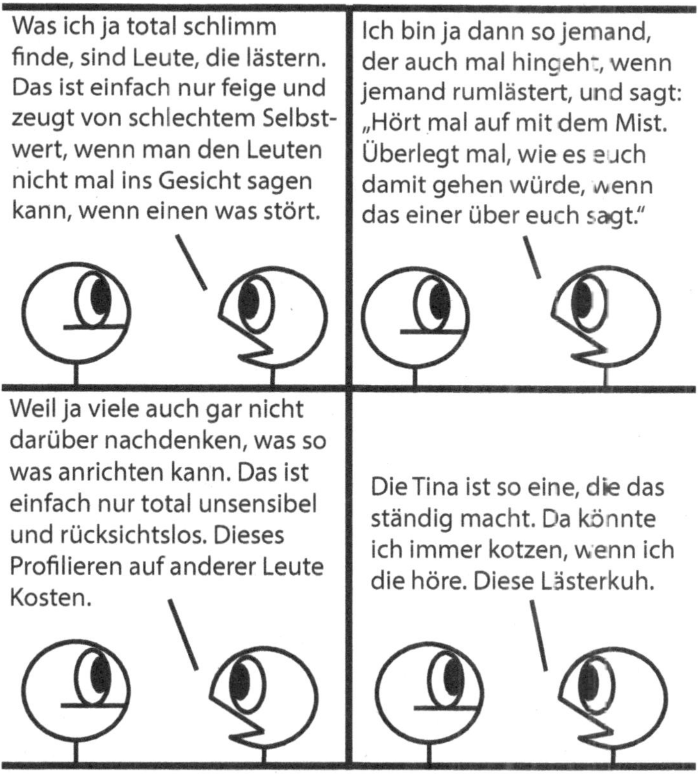
Was ich ja total schlimm finde, sind Leute, die lästern. Das ist einfach nur feige und zeugt von schlechtem Selbstwert, wenn man den Leuten nicht mal ins Gesicht sagen kann, wenn einen was stört.
Ich bin ja dann so jemand, der auch mal hingeht, wenn jemand rumlästert, und sagt: „Hört mal auf mit dem Mist. Überlegt mal, wie es euch damit gehen würde, wenn das einer über euch sagt."
Weil ja viele auch gar nicht darüber nachdenken, was so was anrichten kann. Das ist einfach nur total unsensibel und rücksichtslos. Dieses Profilieren auf anderer Leute Kosten.
Die Tina ist so eine, die das ständig macht. Da könnte ich immer kotzen, wenn ich die höre. Diese Lästerkuh.

Sozialphobie

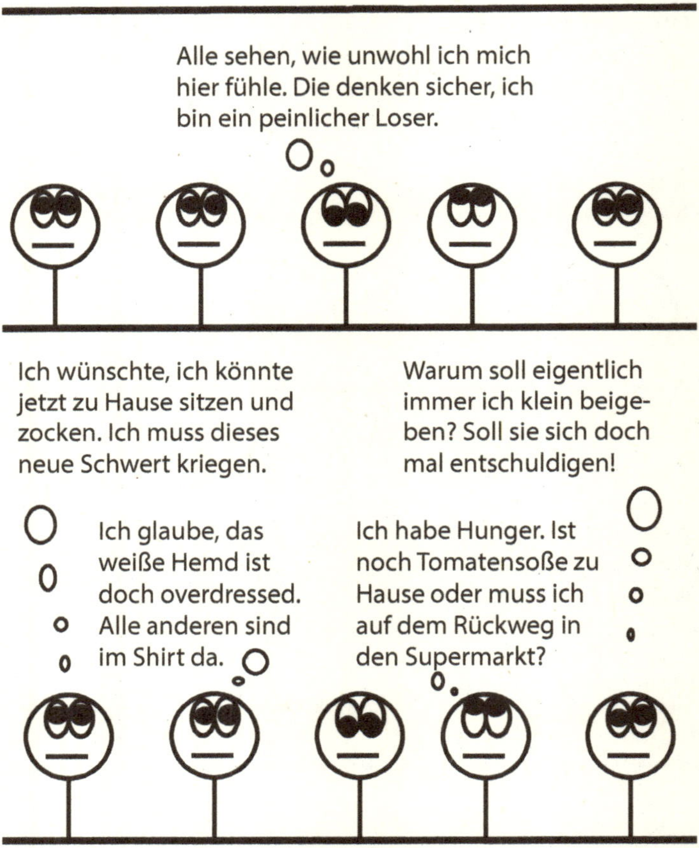
Alle sehen, wie unwohl ich mich hier fühle. Die denken sicher, ich bin ein peinlicher Loser.
Ich wünschte, ich könnte jetzt zu Hause sitzen und zocken. Ich muss dieses neue Schwert kriegen.
Warum soll eigentlich immer ich klein beigeben? Soll sie sich doch mal entschuldigen!
Ich glaube, das weiße Hemd ist doch overdressed. Alle anderen sind im Shirt da.
Ich habe Hunger. Ist noch Tomatensoße zu Hause oder muss ich auf dem Rückweg in den Supermarkt?

Duschgel

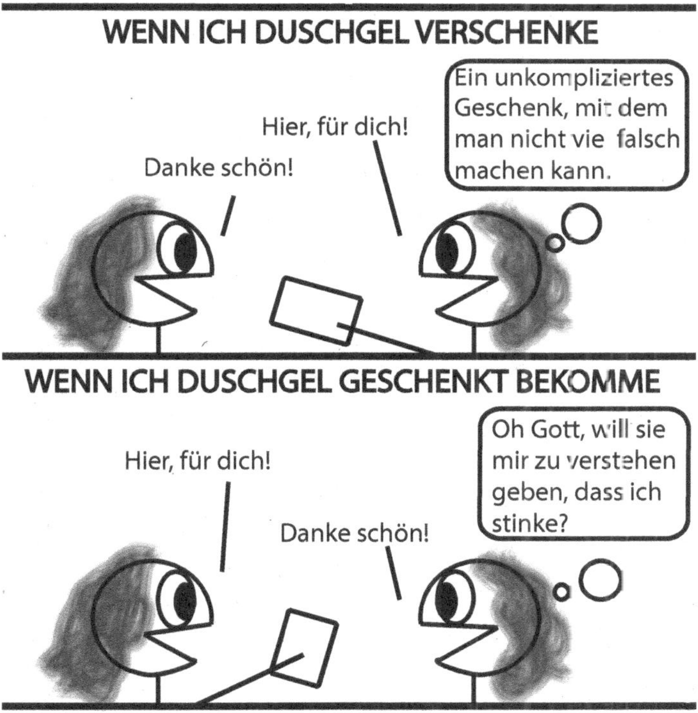
WENN ICH DUSCHGEL VERSCHENKE
Hier, für dich!
Danke schön!
Ein unkompliziertes Geschenk, mit dem man nicht viel falsch machen kann.
WENN ICH DUSCHGEL GESCHENKT BEKOMME
Hier, für dich!
Danke schön!
Oh Gott, will sie mir zu verstehen geben, dass ich stinke?

Was andere denken

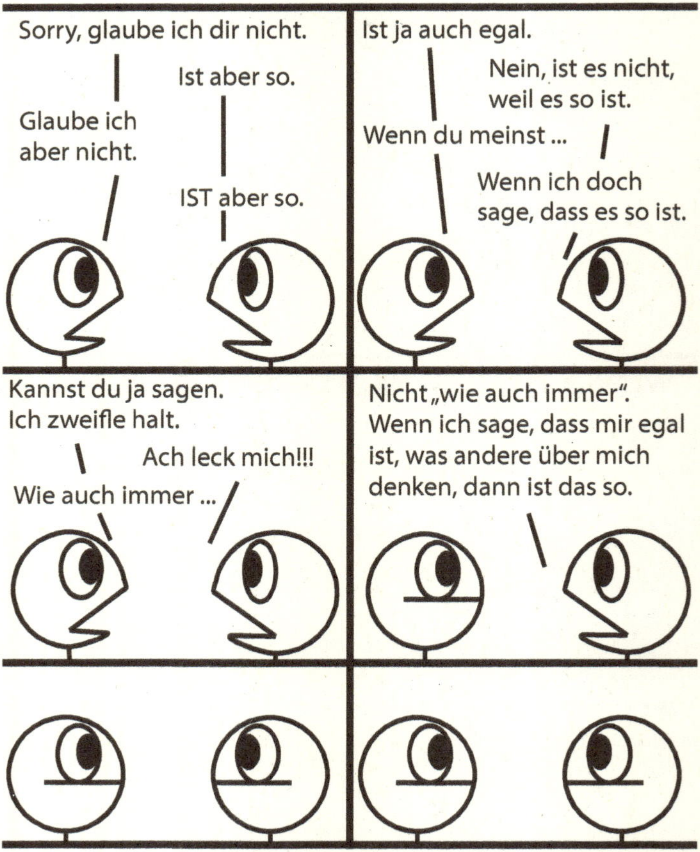
Sorry, glaube ich dir nicht.
Ist aber so.
Glaube ich aber nicht.
IST aber so.
Ist ja auch egal.
Nein, ist es nicht, weil es so ist.
Wenn du meinst ...
Wenn ich doch sage, dass es so ist.
Kannst du ja sagen. Ich zweifle halt.
Ach leck mich!!!
Wie auch immer ...
Nicht „wie auch immer“. Wenn ich sage, dass mir egal ist, was andere über mich denken, dann ist das so.

Darüber reden

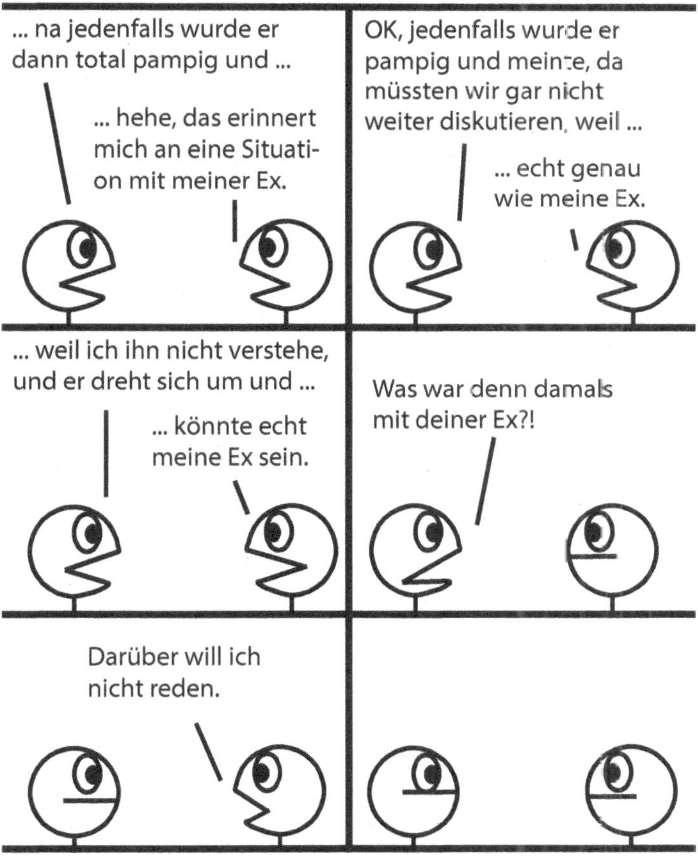

... na jedenfalls wurde er dann total pampig und ...
... hehe, das erinnert mich an eine Situation mit meiner Ex.
OK, jedenfalls wurde er pampig und meinte, da müssten wir gar nicht weiter diskutieren, weil ...
... echt genau wie meine Ex.
... weil ich ihn nicht verstehe, und er dreht sich um und ...
... könnte echt meine Ex sein.
Was war denn damals mit deiner Ex?!
Darüber will ich nicht reden.

3
Psychologisches

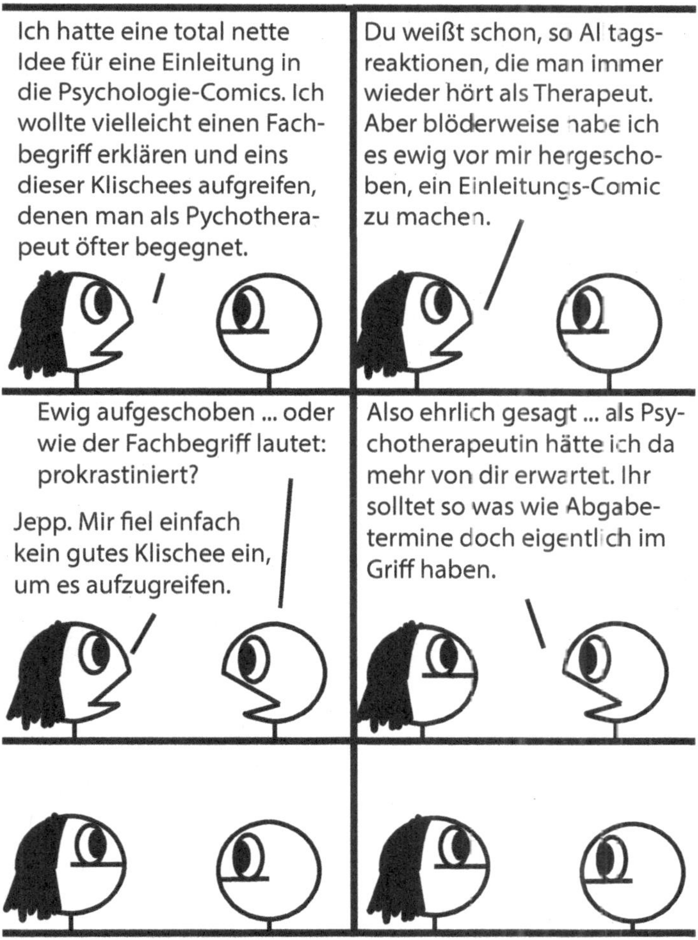
Ich hatte eine total nette Idee für eine Einleitung in die Psychologie-Comics. Ich wollte vielleicht einen Fachbegriff erklären und eins dieser Klischees aufgreifen, denen man als Pychotherapeut öfter begegnet.
Du weißt schon, so Alltagsreaktionen, die man immer wieder hört als Therapeut. Aber blöderweise habe ich es ewig vor mir hergeschoben, ein Einleitungs-Comic zu machen.
Ewig aufgeschoben ... oder wie der Fachbegriff lautet: prokrastiniert?
Jepp. Mir fiel einfach kein gutes Klischee ein, um es aufzugreifen.
Also ehrlich gesagt ... als Psychotherapeutin hätte ich da mehr von dir erwartet. Ihr solltet so was wie Abgabetermine doch eigentlich im Griff haben.

Depressionen

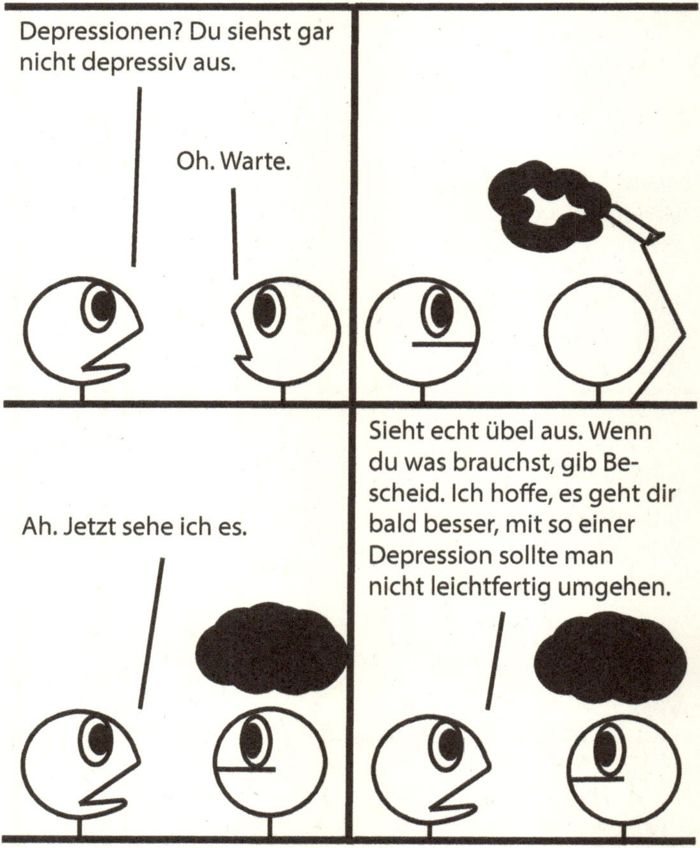

Depressionen? Du siehst gar nicht depressiv aus.
Oh. Warte.
Ah. Jetzt sehe ich es.
Sieht echt übel aus. Wenn du was brauchst, gib Bescheid. Ich hoffe, es geht dir bald besser, mit so einer Depression sollte man nicht leichtfertig umgehen.

Dicker Hintern

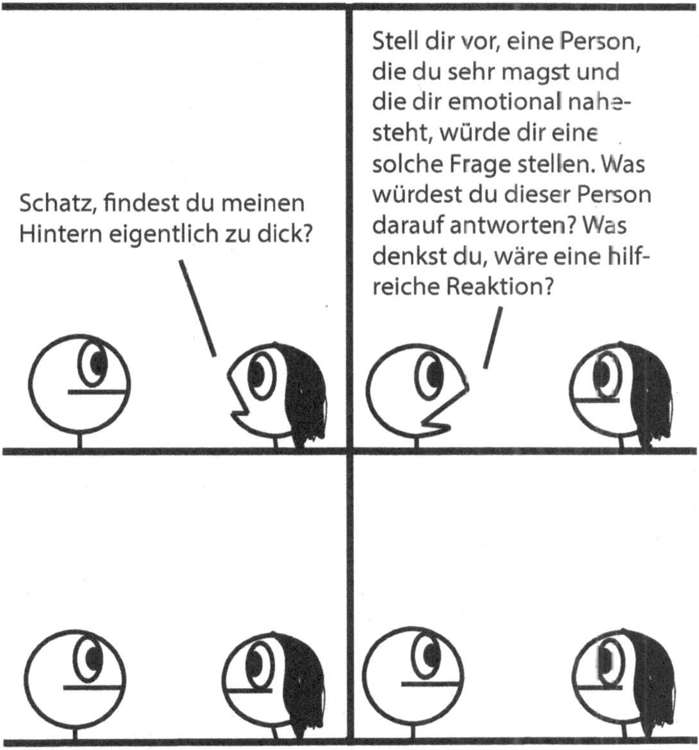
Schatz, findest du meinen Hintern eigentlich zu dick?
Stell dir vor, eine Person, die du sehr magst und die dir emotional nahesteht, würde dir eine solche Frage stellen. Was würdest du dieser Person darauf antworten? Was denkst du, wäre eine hilfreiche Reaktion?

Momente, in denen Susi es bereute, einen Psychotherapeuten geheiratet zu haben

Soziale Phobie

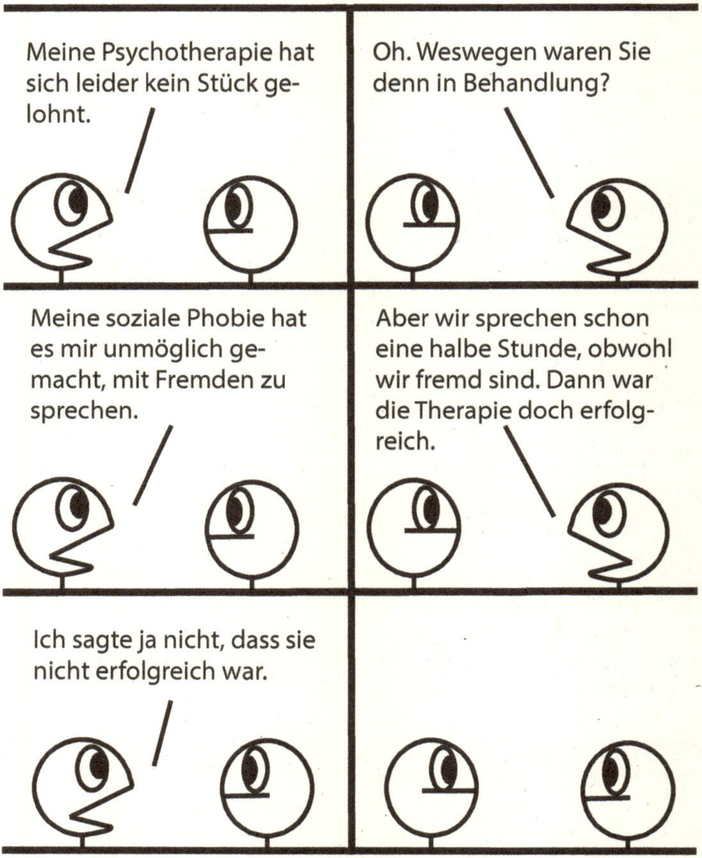
Meine Psychotherapie hat sich leider kein Stück gelohnt.
Oh. Weswegen waren Sie denn in Behandlung?
Meine soziale Phobie hat es mir unmöglich gemacht, mit Fremden zu sprechen.
Aber wir sprechen schon eine halbe Stunde, obwohl wir fremd sind. Dann war die Therapie doch erfolgreich.
Ich sagte ja nicht, dass sie nicht erfolgreich war.

Psychologische Fachbegriffe in Comicform: Soziale Phobie

Zwanghafte Persönlichkeitsstörung

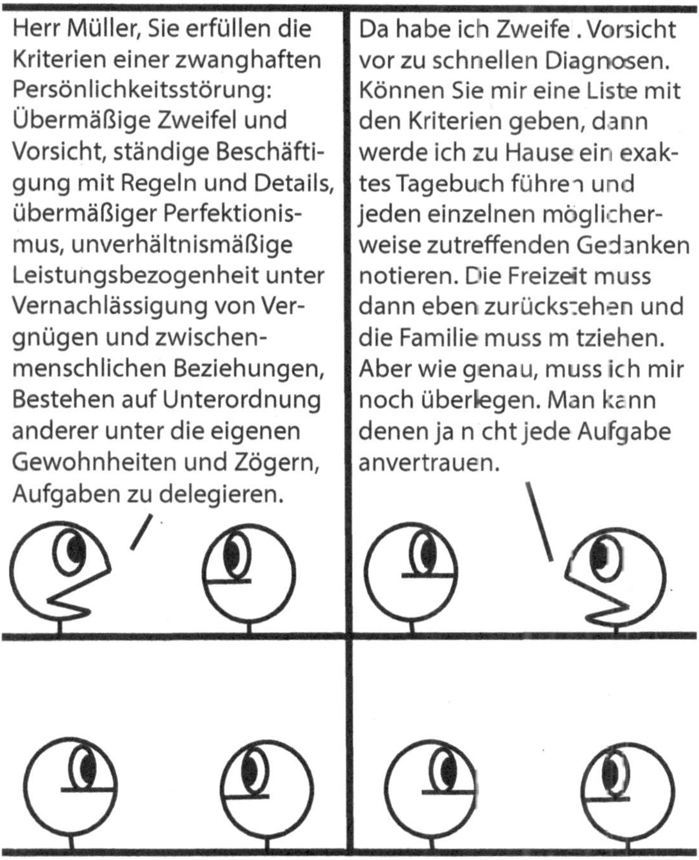
Herr Müller, Sie erfüllen die Kriterien einer zwanghaften Persönlichkeitsstörung: Übermäßige Zweifel und Vorsicht, ständige Beschäftigung mit Regeln und Details, übermäßiger Perfektionismus, unverhältnismäßige Leistungsbezogenheit unter Vernachlässigung von Vergnügen und zwischenmenschlichen Beziehungen, Bestehen auf Unterordnung anderer unter die eigenen Gewohnheiten und Zögern, Aufgaben zu delegieren.
Da habe ich Zweifel. Vorsicht vor zu schnellen Diagnosen. Können Sie mir eine Liste mit den Kriterien geben, dann werde ich zu Hause ein exaktes Tagebuch führen und jeden einzelnen möglicherweise zutreffenden Gedanken notieren. Die Freizeit muss dann eben zurückstehen und die Familie muss mitziehen. Aber wie genau, muss ich mir noch überlegen. Man kann denen ja nicht jede Aufgabe anvertrauen.

Psychologische Fachbegriffe in Comicform: Zwanghafte Persönlichkeitsstörung

Scheißtag

WENN ANDERE MENSCHEN EINEN SCHEISSTAG HABEN

Ich bin so ein Versager. Nichts mache ich richtig. Alles läuft nur scheiße. Warum kann nie mal was gut laufen? Ich hasse mein Leben.

WENN THERAPEUTEN EINEN SCHEISSTAG HABEN

Ich bin so ein Versager. Nichts mache ich richtig. Alles läuft nur scheiße. Warum kann nie mal was gut laufen? Ich hasse mein Leben.
Toll. Nun werte ich mich auch noch selbst ab. Ein beschissener Therapeut bin ich also auch.

Ehe

WIE DIE EHE MIT EINER PSYCHO-THERAPEUTIN SEIN SOLLTE

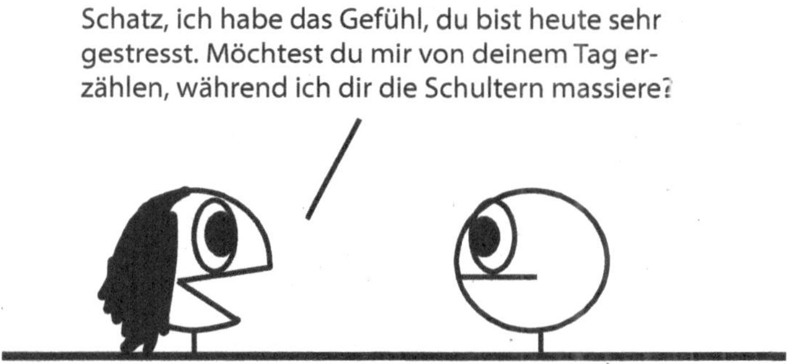
Schatz, ich habe das Gefühl, du bist heute sehr gestresst. Möchtest du mir von deinem Tag erzählen, während ich dir die Schultern massiere?

WIE SIE TATSÄCHLICH IST

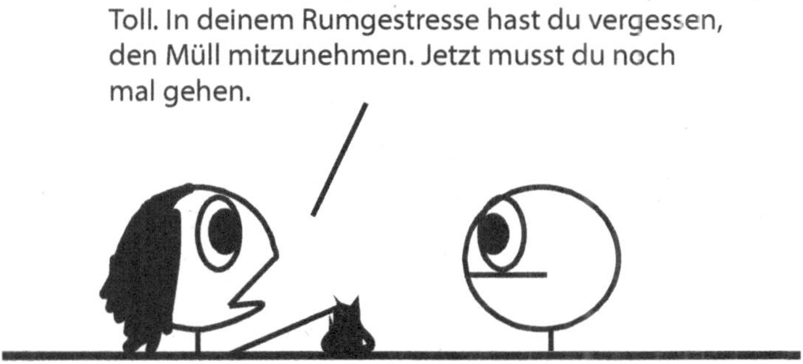
Toll. In deinem Rumgestresse hast du vergessen, den Müll mitzunehmen. Jetzt musst du noch mal gehen.

Depressiv wirken

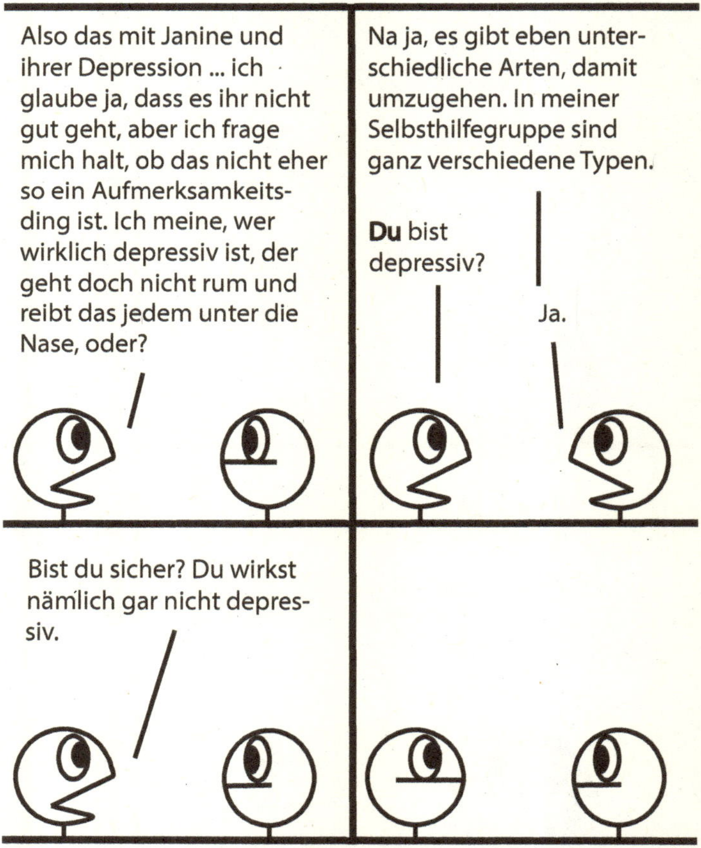
Also das mit Janine und ihrer Depression ... ich glaube ja, dass es ihr nicht gut geht, aber ich frage mich halt, ob das nicht eher so ein Aufmerksamkeitsding ist. Ich meine, wer wirklich depressiv ist, der geht doch nicht rum und reibt das jedem unter die Nase, oder?
Na ja, es gibt eben unterschiedliche Arten, damit umzugehen. In meiner Selbsthilfegruppe sind ganz verschiedene Typen.
Du bist depressiv?
Ja.
Bist du sicher? Du wirkst nämlich gar nicht depressiv.

Sorgen

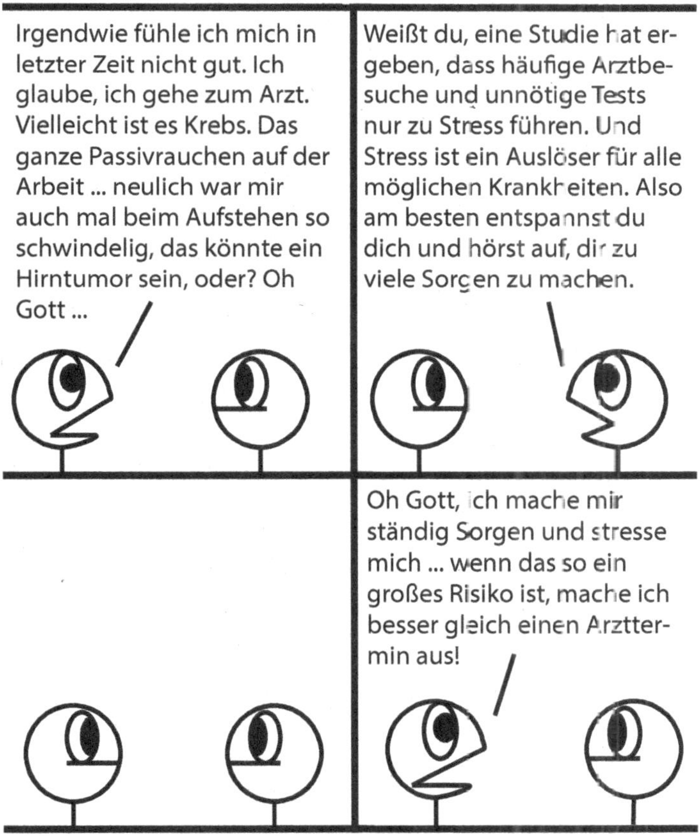
Irgendwie fühle ich mich in letzter Zeit nicht gut. Ich glaube, ich gehe zum Arzt. Vielleicht ist es Krebs. Das ganze Passivrauchen auf der Arbeit ... neulich war mir auch mal beim Aufstehen so schwindelig, das könnte ein Hirntumor sein, oder? Oh Gott ...
Weißt du, eine Studie hat ergeben, dass häufige Arztbesuche und unnötige Tests nur zu Stress führen. Und Stress ist ein Auslöser für alle möglichen Krankheiten. Also am besten entspannst du dich und hörst auf, dir zu viele Sorgen zu machen.
Oh Gott, ich mache mir ständig Sorgen und stresse mich ... wenn das so ein großes Risiko ist, mache ich besser gleich einen Arzttermin aus!

Kleptomanie

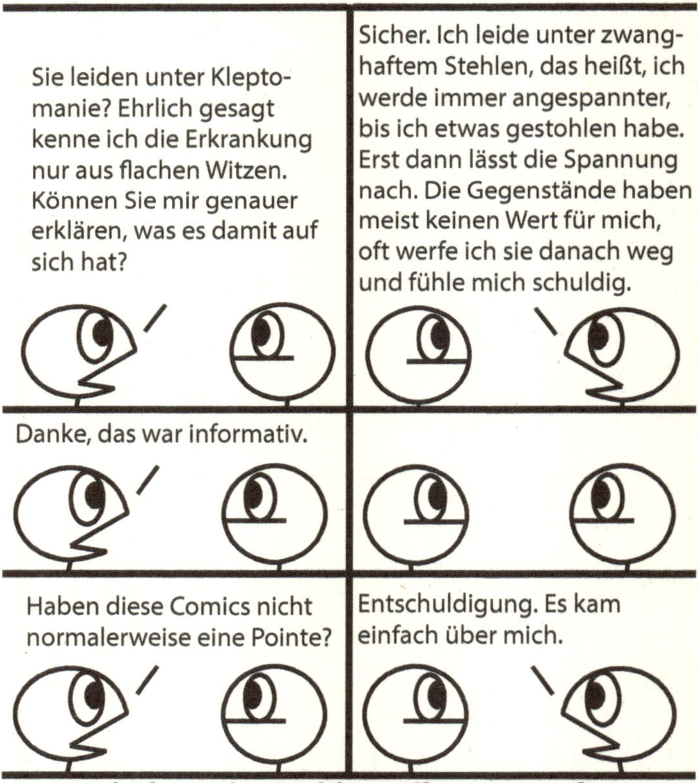
Sie leiden unter Kleptomanie? Ehrlich gesagt kenne ich die Erkrankung nur aus flachen Witzen. Können Sie mir genauer erklären, was es damit auf sich hat?
Sicher. Ich leide unter zwanghaftem Stehlen, das heißt, ich werde immer angespannter, bis ich etwas gestohlen habe. Erst dann lässt die Spannung nach. Die Gegenstände haben meist keinen Wert für mich, oft werfe ich sie danach weg und fühle mich schuldig.
Danke, das war informativ.
Haben diese Comics nicht normalerweise eine Pointe?
Entschuldigung. Es kam einfach über mich.

Psychologische Fachbegriffe in Comicform: Kleptomanie

Schizophrenie

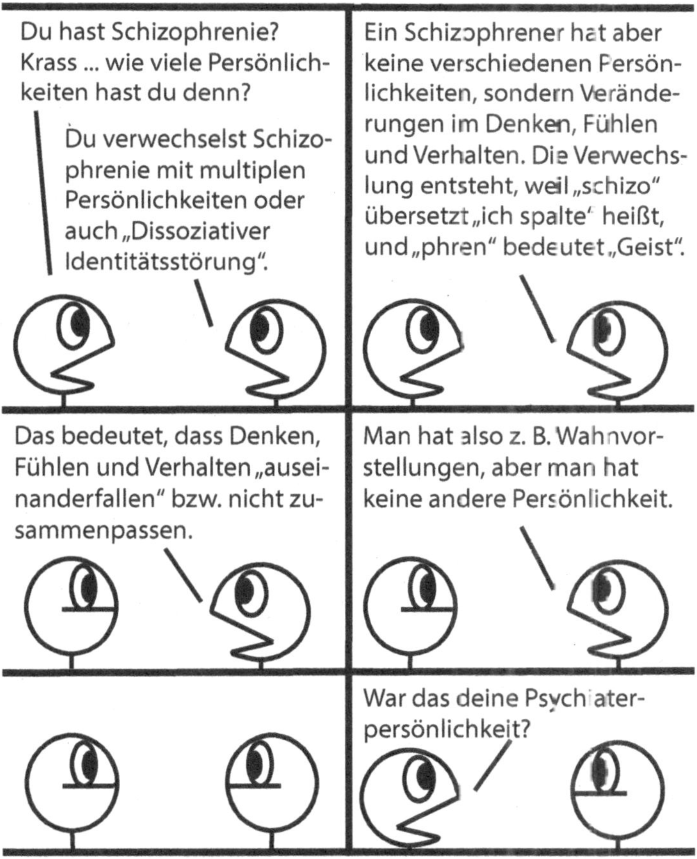
Du hast Schizophrenie? Krass ... wie viele Persönlichkeiten hast du denn?
Du verwechselst Schizophrenie mit multiplen Persönlichkeiten oder auch „Dissoziativer Identitätsstörung“.
Ein Schizophrener hat aber keine verschiedenen Persönlichkeiten, sondern Veränderungen im Denken, Fühlen und Verhalten. Die Verwechslung entsteht, weil „schizo“ übersetzt „ich spalte“ heißt, und „phren“ bedeutet „Geist“.
Das bedeutet, dass Denken, Fühlen und Verhalten „auseinanderfallen“ bzw. nicht zusammenpassen.
Man hat also z. B. Wahnvorstellungen, aber man hat keine andere Persönlichkeit.
War das deine Psychiaterpersönlichkeit?

Psychologische Fachbegriffe in Comicform: Schizophrenie

Rechtschreibnazisyndrohm

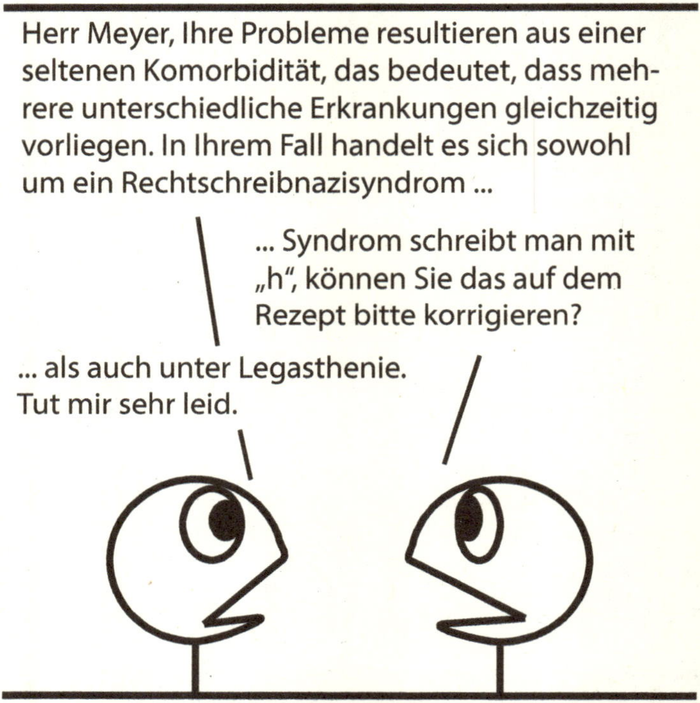
Herr Meyer, Ihre Probleme resultieren aus einer seltenen Komorbidität, das bedeutet, dass mehrere unterschiedliche Erkrankungen gleichzeitig vorliegen. In Ihrem Fall handelt es sich sowohl um ein Rechtschreibnazisyndrom ...
... Syndrom schreibt man mit „h“, können Sie das auf dem Rezept bitte korrigieren?
... als auch unter Legasthenie. Tut mir sehr leid.

Psychologische Fachbegriffe in Comicform: Komorbidität

Ödipuskomplex

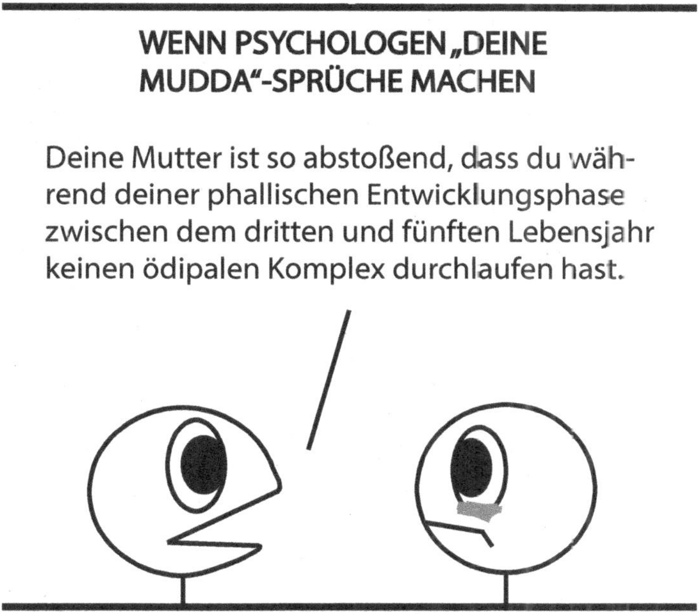
WENN PSYCHOLOGEN „DEINE MUDDA“-SPRÜCHE MACHEN
Deine Mutter ist so abstoßend, dass du während deiner phallischen Entwicklungsphase zwischen dem dritten und fünften Lebensjahr keinen ödipalen Komplex durchlaufen hast.

Psychologische Fachbegriffe in Comicform: Ödipuskomplex

Kognitive Dissonanz

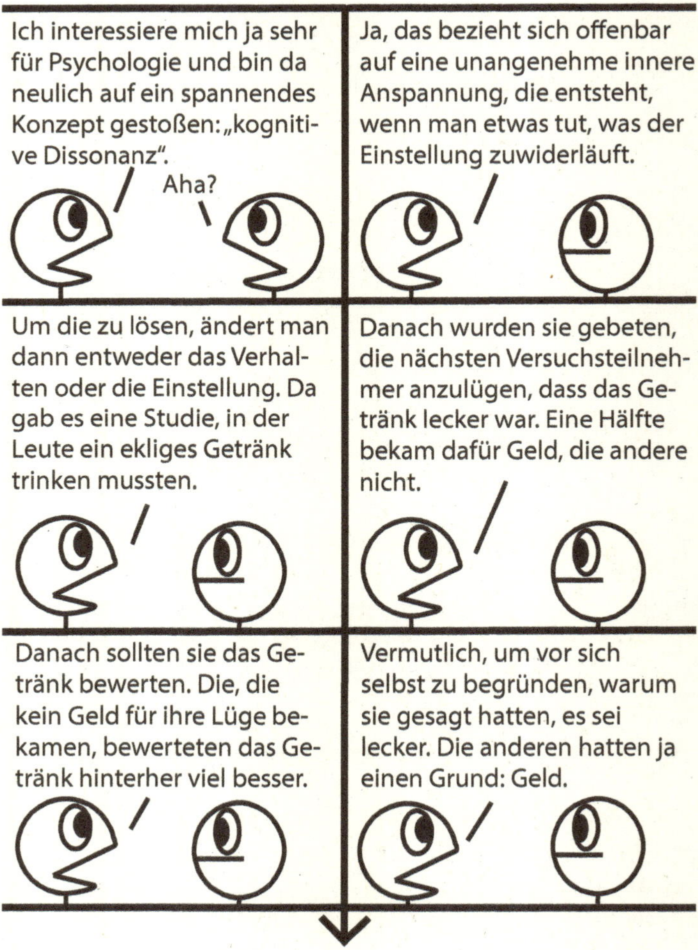
Ich interessiere mich ja sehr für Psychologie und bin da neulich auf ein spannendes Konzept gestoßen: „kognitive Dissonanz".
Aha?
Ja, das bezieht sich offenbar auf eine unangenehme innere Anspannung, die entsteht, wenn man etwas tut, was der Einstellung zuwiderläuft.
Um die zu lösen, ändert man dann entweder das Verhalten oder die Einstellung. Da gab es eine Studie, in der Leute ein ekliges Getränk trinken mussten.
Danach wurden sie gebeten, die nächsten Versuchsteilnehmer anzulügen, dass das Getränk lecker war. Eine Hälfte bekam dafür Geld, die andere nicht.
Danach sollten sie das Getränk bewerten. Die, die kein Geld für ihre Lüge bekamen, bewerteten das Getränk hinterher viel besser.
Vermutlich, um vor sich selbst zu begründen, warum sie gesagt hatten, es sei lecker. Die anderen hatten ja einen Grund: Geld.

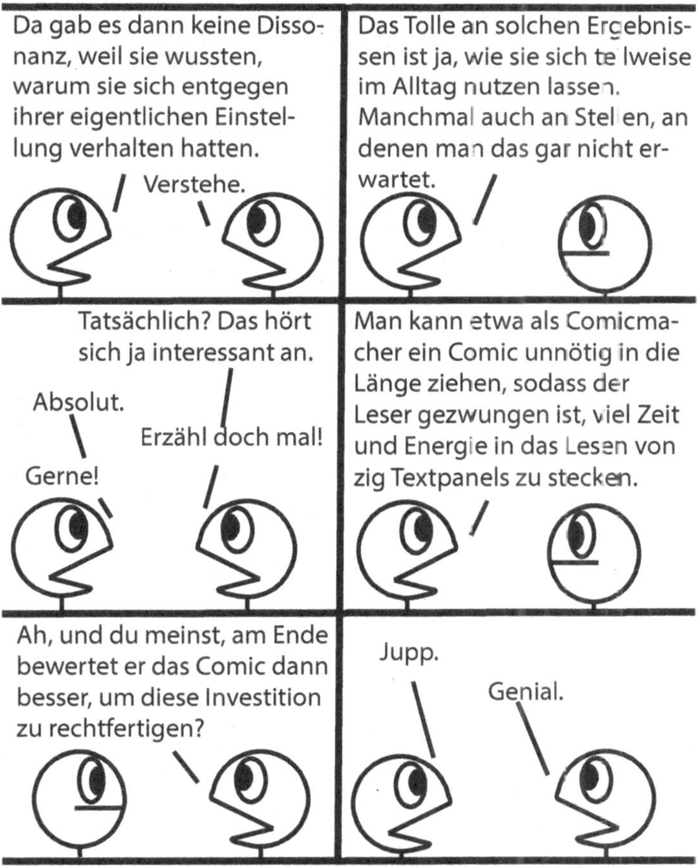
Da gab es dann keine Dissonanz, weil sie wussten, warum sie sich entgegen ihrer eigentlichen Einstellung verhalten hatten.
Verstehe.
Das Tolle an solchen Ergebnissen ist ja, wie sie sich teilweise im Alltag nutzen lassen. Manchmal auch an Stellen, an denen man das gar nicht erwartet.
Tatsächlich? Das hört sich ja interessant an.
Absolut.
Erzähl doch mal!
Gerne!
Man kann etwa als Comicmacher ein Comic unnötig in die Länge ziehen, sodass der Leser gezwungen ist, viel Zeit und Energie in das Lesen von zig Textpanels zu stecken.
Ah, und du meinst, am Ende bewertet er das Comic dann besser, um diese Investition zu rechtfertigen?
Jupp.
Genial.

Psychologische Fachbegriffe in Comicform: Kognitive Dissonanz

Depressionslogik

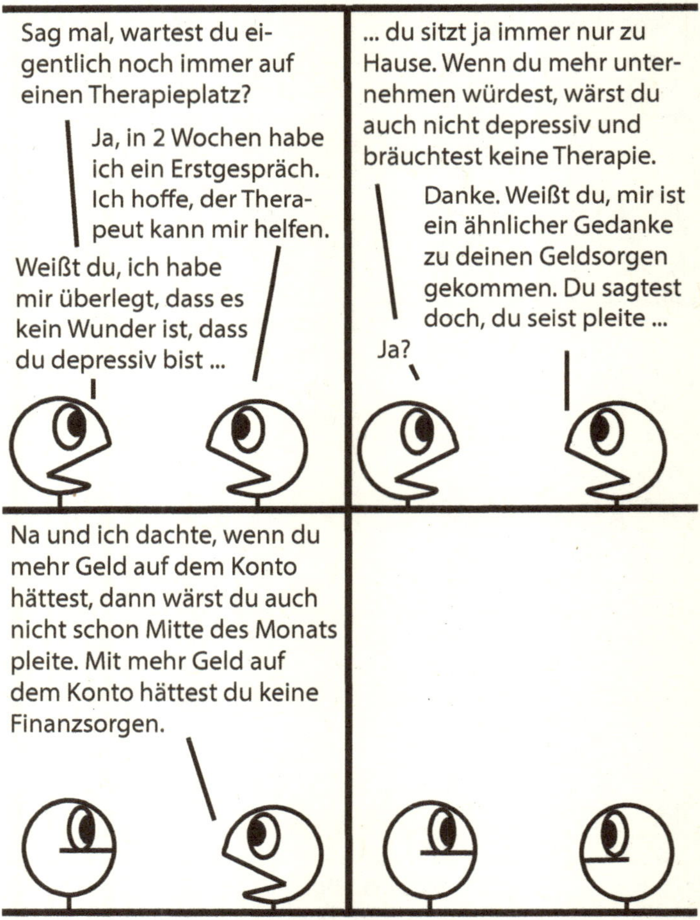
Sag mal, wartest du eigentlich noch immer auf einen Therapieplatz?
Ja, in 2 Wochen habe ich ein Erstgespräch. Ich hoffe, der Therapeut kann mir helfen.
Weißt du, ich habe mir überlegt, dass es kein Wunder ist, dass du depressiv bist ...
... du sitzt ja immer nur zu Hause. Wenn du mehr unternehmen würdest, wärst du auch nicht depressiv und bräuchtest keine Therapie.
Danke. Weißt du, mir ist ein ähnlicher Gedanke zu deinen Geldsorgen gekommen. Du sagtest doch, du seist pleite ...
Ja?
Na und ich dachte, wenn du mehr Geld auf dem Konto hättest, dann wärst du auch nicht schon Mitte des Monats pleite. Mit mehr Geld auf dem Konto hättest du keine Finanzsorgen.

Brigelli

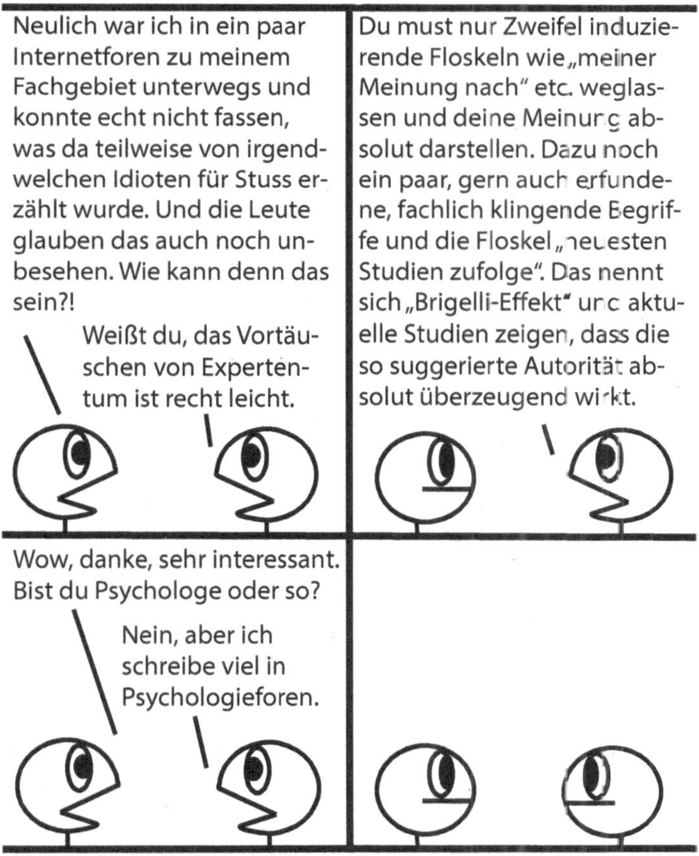
Neulich war ich in ein paar Internetforen zu meinem Fachgebiet unterwegs und konnte echt nicht fassen, was da teilweise von irgendwelchen Idioten für Stuss erzählt wurde. Und die Leute glauben das auch noch unbesehen. Wie kann denn das sein?!
Weißt du, das Vortäuschen von Expertentum ist recht leicht.
Du must nur Zweifel induzierende Floskeln wie „meiner Meinung nach" etc. weglassen und deine Meinung absolut darstellen. Dazu noch ein paar, gern auch erfundene, fachlich klingende Begriffe und die Floskel „neuesten Studien zufolge". Das nennt sich „Brigelli-Effekt" und aktuelle Studien zeigen, dass die so suggerierte Autorität absolut überzeugend wirkt.
Wow, danke, sehr interessant. Bist du Psychologe oder so?
Nein, aber ich schreibe viel in Psychologieforen.

Generalisierung

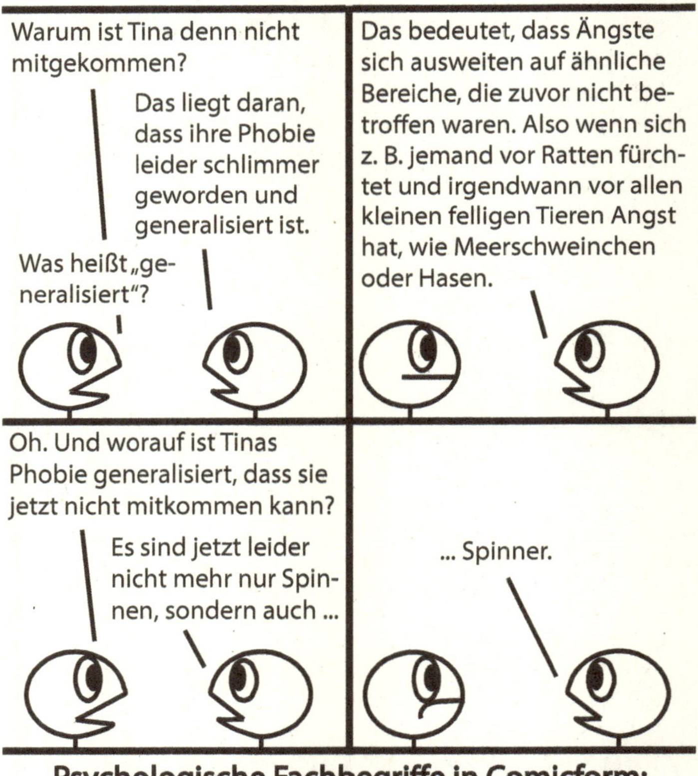
Warum ist Tina denn nicht mitgekommen?
Das liegt daran, dass ihre Phobie leider schlimmer geworden und generalisiert ist.
Was heißt „generalisiert“?
Das bedeutet, dass Ängste sich ausweiten auf ähnliche Bereiche, die zuvor nicht betroffen waren. Also wenn sich z. B. jemand vor Ratten fürchtet und irgendwann vor allen kleinen felligen Tieren Angst hat, wie Meerschweinchen oder Hasen.
Oh. Und worauf ist Tinas Phobie generalisiert, dass sie jetzt nicht mitkommen kann?
Es sind jetzt leider nicht mehr nur Spinnen, sondern auch ...
... Spinner.

Psychologische Fachbegriffe in Comicform: Generalisierung

Projektion

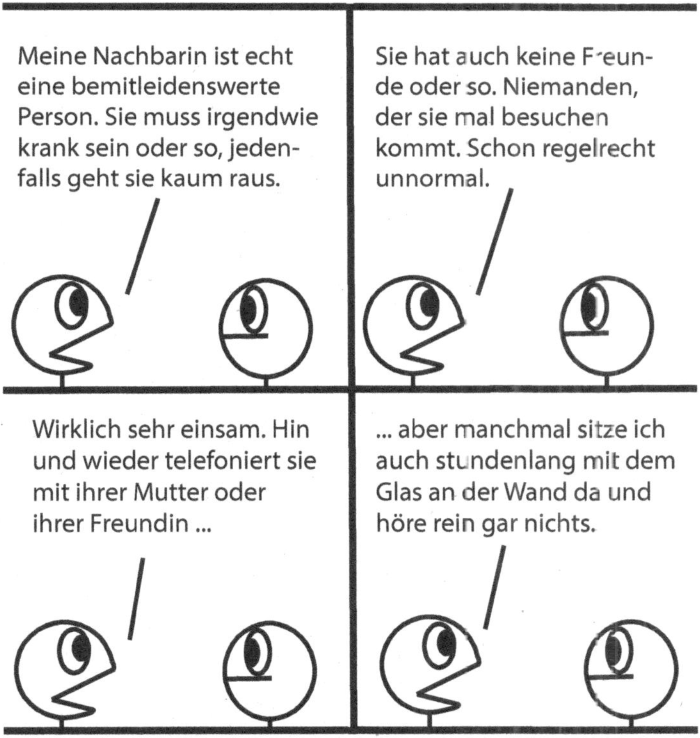
Meine Nachbarin ist echt eine bemitleidenswerte Person. Sie muss irgendwie krank sein oder so, jedenfalls geht sie kaum raus.
Sie hat auch keine Freunde oder so. Niemanden, der sie mal besuchen kommt. Schon regelrecht unnormal.
Wirklich sehr einsam. Hin und wieder telefoniert sie mit ihrer Mutter oder ihrer Freundin ...
... aber manchmal sitze ich auch stundenlang mit dem Glas an der Wand da und höre rein gar nichts.

Psychologische Fachbegriffe in Comicform: Projektion

Asperger

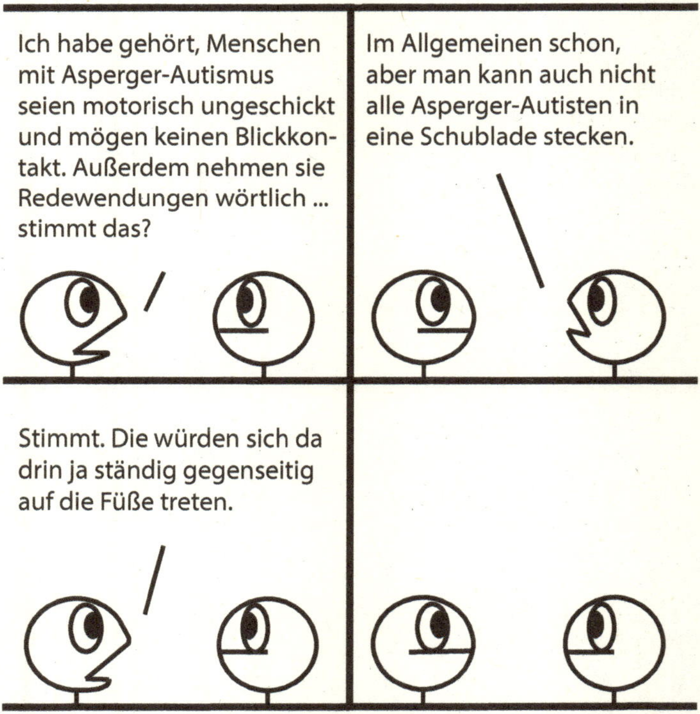
Ich habe gehört, Menschen mit Asperger-Autismus seien motorisch ungeschickt und mögen keinen Blickkontakt. Außerdem nehmen sie Redewendungen wörtlich ... stimmt das?
Im Allgemeinen schon, aber man kann auch nicht alle Asperger-Autisten in eine Schublade stecken.
Stimmt. Die würden sich da drin ja ständig gegenseitig auf die Füße treten.

Wirklich krank

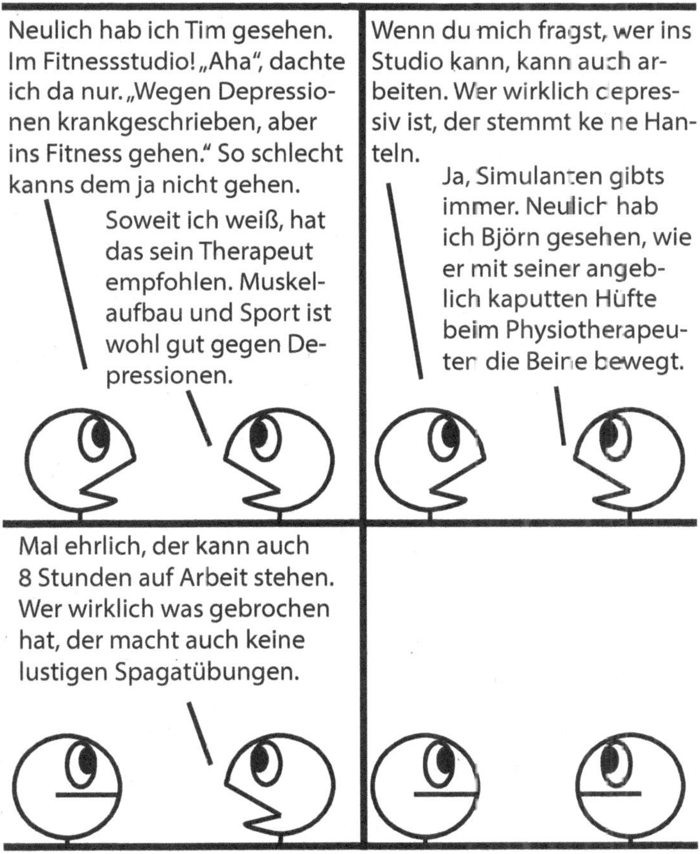
Neulich hab ich Tim gesehen. Im Fitnessstudio! „Aha“, dachte ich da nur. „Wegen Depressionen krankgeschrieben, aber ins Fitness gehen.“ So schlecht kanns dem ja nicht gehen.
Soweit ich weiß, hat das sein Therapeut empfohlen. Muskelaufbau und Sport ist wohl gut gegen Depressionen.
Wenn du mich fragst, wer ins Studio kann, kann auch arbeiten. Wer wirklich depressiv ist, der stemmt keine Hanteln.
Ja, Simulanten gibts immer. Neulich hab ich Björn gesehen, wie er mit seiner angeblich kaputten Hüfte beim Physiotherapeuten die Beine bewegt.
Mal ehrlich, der kann auch 8 Stunden auf Arbeit stehen. Wer wirklich was gebrochen hat, der macht auch keine lustigen Spagatübungen.

Doublebind

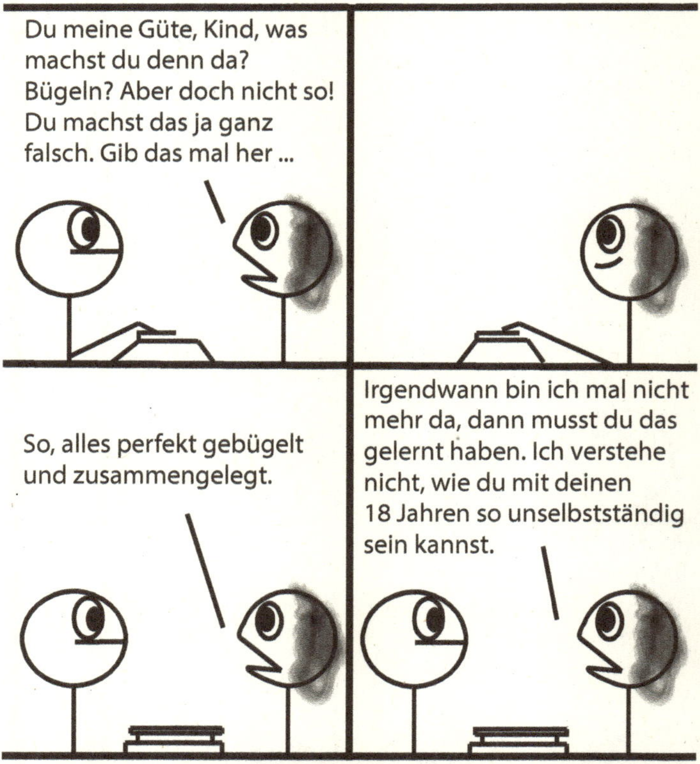

Du meine Güte, Kind, was machst du denn da? Bügeln? Aber doch nicht so! Du machst das ja ganz falsch. Gib das mal her ...
So, alles perfekt gebügelt und zusammengelegt.
Irgendwann bin ich mal nicht mehr da, dann musst du das gelernt haben. Ich verstehe nicht, wie du mit deinen 18 Jahren so unselbstständig sein kannst.

Psychologische Fachbegriffe in Comicform: Doublebind

Paranoia

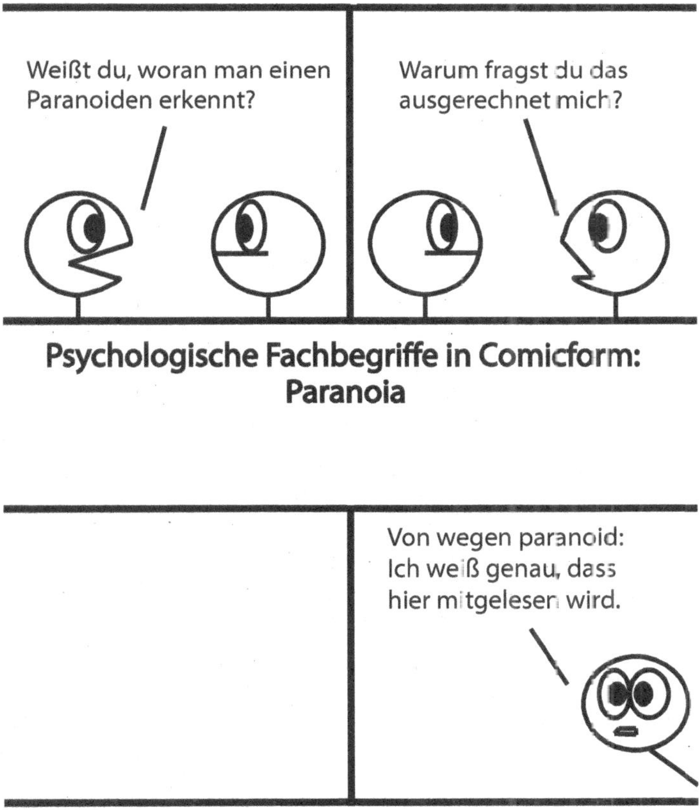
Weißt du, woran man einen Paranoiden erkennt?
Warum fragst du das ausgerechnet mich?
Psychologische Fachbegriffe in Comicform: Paranoia
Von wegen paranoid: Ich weiß genau, dass hier mitgelesen wird.

ADS

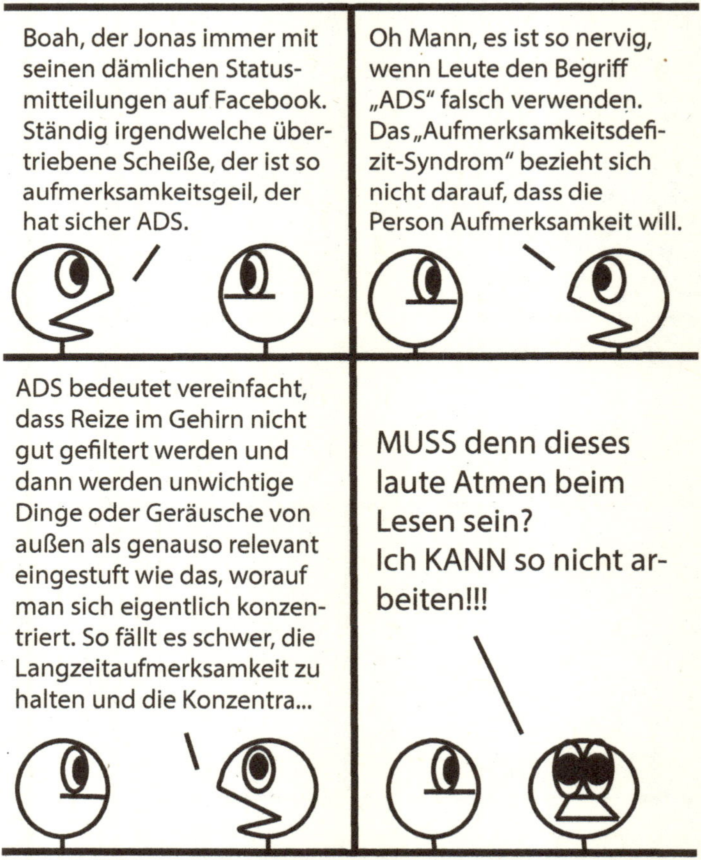
Boah, der Jonas immer mit seinen dämlichen Statusmitteilungen auf Facebook. Ständig irgendwelche übertriebene Scheiße, der ist so aufmerksamkeitsgeil, der hat sicher ADS.
Oh Mann, es ist so nervig, wenn Leute den Begriff „ADS" falsch verwenden. Das „Aufmerksamkeitsdefizit-Syndrom" bezieht sich nicht darauf, dass die Person Aufmerksamkeit will.
ADS bedeutet vereinfacht, dass Reize im Gehirn nicht gut gefiltert werden und dann werden unwichtige Dinge oder Geräusche von außen als genauso relevant eingestuft wie das, worauf man sich eigentlich konzentriert. So fällt es schwer, die Langzeitaufmerksamkeit zu halten und die Konzentra...
MUSS denn dieses laute Atmen beim Lesen sein? Ich KANN so nicht arbeiten!!!

Psychologische Fachbegriffe in Comicform:
ADS

Psychosomatik

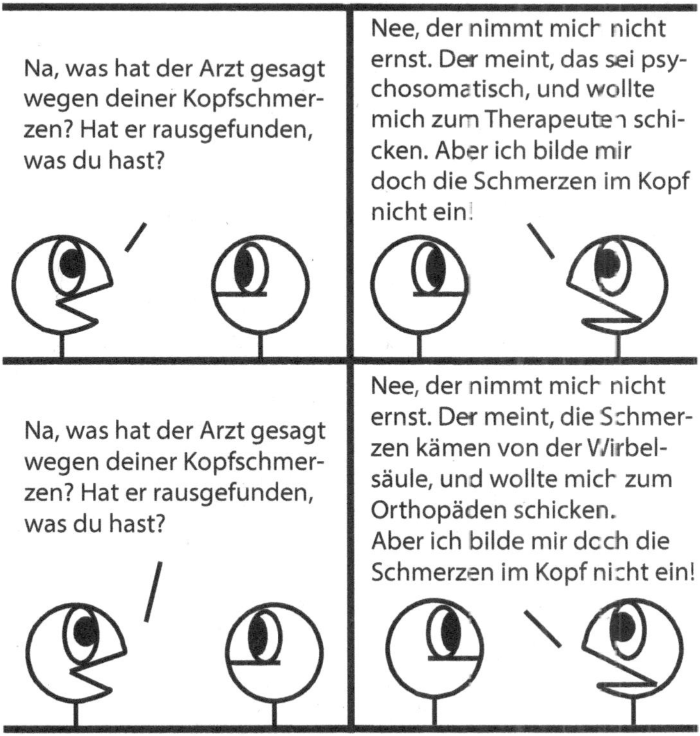
Na, was hat der Arzt gesagt wegen deiner Kopfschmerzen? Hat er rausgefunden, was du hast?
Nee, der nimmt mich nicht ernst. Der meint, das sei psychosomatisch, und wollte mich zum Therapeuten schicken. Aber ich bilde mir doch die Schmerzen im Kopf nicht ein!
Na, was hat der Arzt gesagt wegen deiner Kopfschmerzen? Hat er rausgefunden, was du hast?
Nee, der nimmt mich nicht ernst. Der meint, die Schmerzen kämen von der Wirbelsäule, und wollte mich zum Orthopäden schicken.
Aber ich bilde mir doch die Schmerzen im Kopf nicht ein!

Psychologische Fachbegriffe in Comicform: Psychosomatik

Zwangsgedanken

WIE MENSCHEN MIT ZWANGSGEDANKEN DENKEN

Ich könnte jetzt das Messer von da drüben holen und diesem Mann in die Brust stechen. Einfach so. Oh Gott, was denke ich da? Der Mann hat mir gar nichts getan, wie kann ich nur so was denken? Was, wenn ich es wirklich gemacht hätte? Bin ich verrückt? Wer denkt sowas?! Warum denke ich ständig solche Sachen? Wenn Leute wüssten, was ich denke, wäre ich schon längst weggesperrt worden. Ich darf so was nie wieder denken. Messer Messer Messer ... oh Gott, ich bin total verrückt!!!

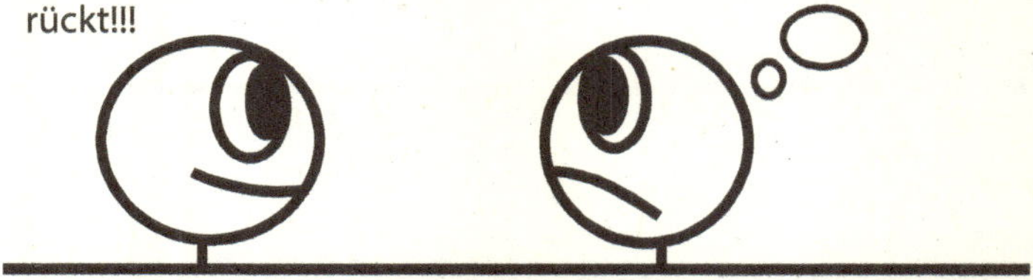

WIE MENSCHEN OHNE ZWANGSGEDANKEN DENKEN

Ich könnte jetzt das Messer von da drüben holen und diesem Mann in die Brust stechen. Einfach so. Der hässliche Pulli wäre dann auch hin. Meine Güte, wird so was heute noch hergestellt? Oder ist das so ein Hipster-Trend? Hipster ... würg. Aber einen neuen Pulli bräuchte ich auch. Vielleicht morgen in die Stadt zum Einkaufen ... aber da sind die Parkplätze immer so knapp. Gilt mein Busticket noch? Welches Datum ist heute? Penis.

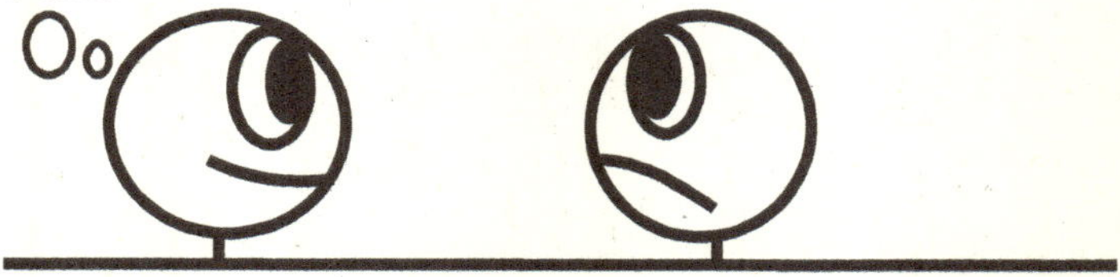

Psychologenreaktion

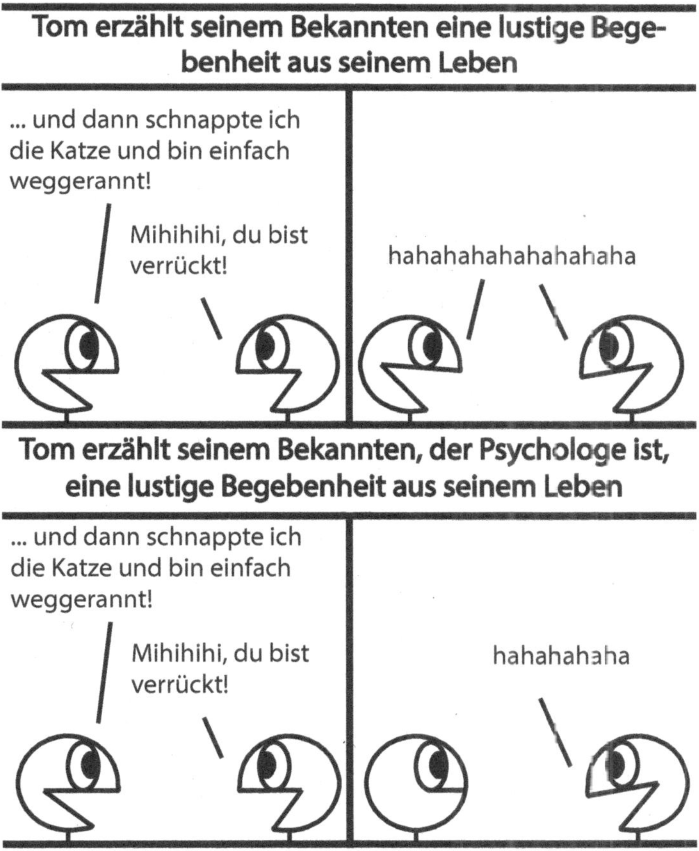
Tom erzählt seinem Bekannten eine lustige Begebenheit aus seinem Leben
... und dann schnappte ich die Katze und bin einfach weggerannt!
Mihihihi, du bist verrückt!
hahahahahahahahaha
Tom erzählt seinem Bekannten, der Psychologe ist, eine lustige Begebenheit aus seinem Leben
... und dann schnappte ich die Katze und bin einfach weggerannt!
Mihihihi, du bist verrückt!
hahahahaha

Hellenologophobie

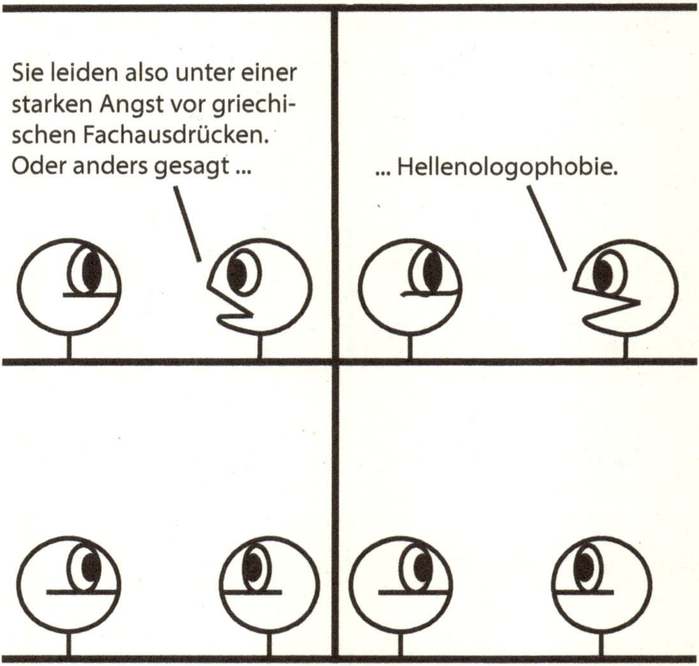
Sie leiden also unter einer starken Angst vor griechischen Fachausdrücken. Oder anders gesagt ...
... Hellenologophobie.

Psychologische Fachbegriffe in Comicform:
Hellenologophobie

Schizoide Persönlichkeitsstörung

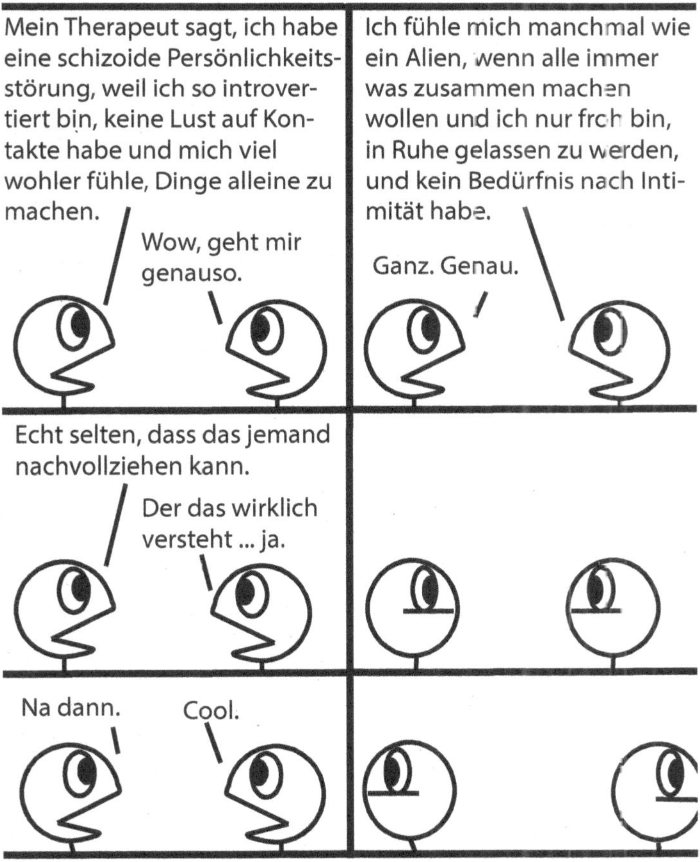
Mein Therapeut sagt, ich habe eine schizoide Persönlichkeitsstörung, weil ich so introvertiert bin, keine Lust auf Kontakte habe und mich viel wohler fühle, Dinge alleine zu machen.
Wow, geht mir genauso.
Ich fühle mich manchmal wie ein Alien, wenn alle immer was zusammen machen wollen und ich nur froh bin, in Ruhe gelassen zu werden, und kein Bedürfnis nach Intimität habe.
Ganz. Genau.
Echt selten, dass das jemand nachvollziehen kann.
Der das wirklich versteht ... ja.
Na dann.
Cool.

Psychologische Fachbegriffe in Comicform: Schizoide Persönlichkeitsstörung

4 Alltägliches

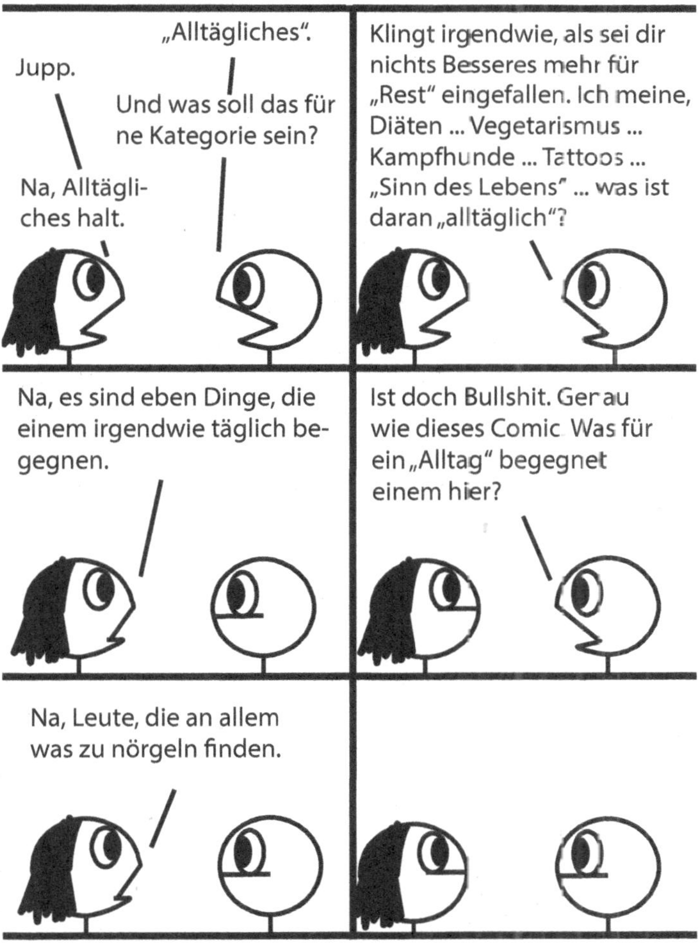
„Alltägliches".
Jupp.
Und was soll das für ne Kategorie sein?
Na, Alltägliches halt.
Klingt irgendwie, als sei dir nichts Besseres mehr für „Rest" eingefallen. Ich meine, Diäten ... Vegetarismus ... Kampfhunde ... Tattoos ... „Sinn des Lebens" ... was ist daran „alltäglich"?
Na, es sind eben Dinge, die einem irgendwie täglich begegnen.
Ist doch Bullshit. Genau wie dieses Comic. Was für ein „Alltag" begegnet einem hier?
Na, Leute, die an allem was zu nörgeln finden.

Bloggen

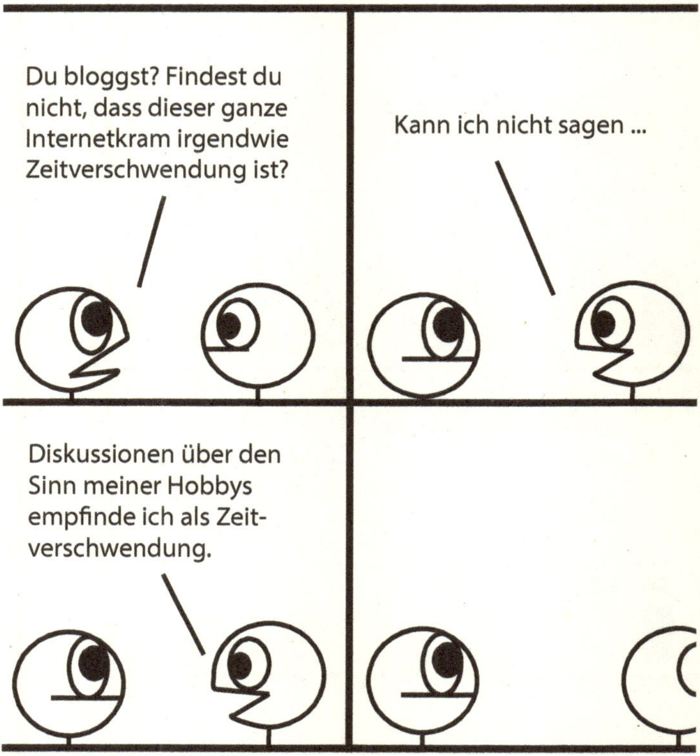
Du bloggst? Findest du nicht, dass dieser ganze Internetkram irgendwie Zeitverschwendung ist?
Kann ich nicht sagen ...
Diskussionen über den Sinn meiner Hobbys empfinde ich als Zeitverschwendung.

Statistik

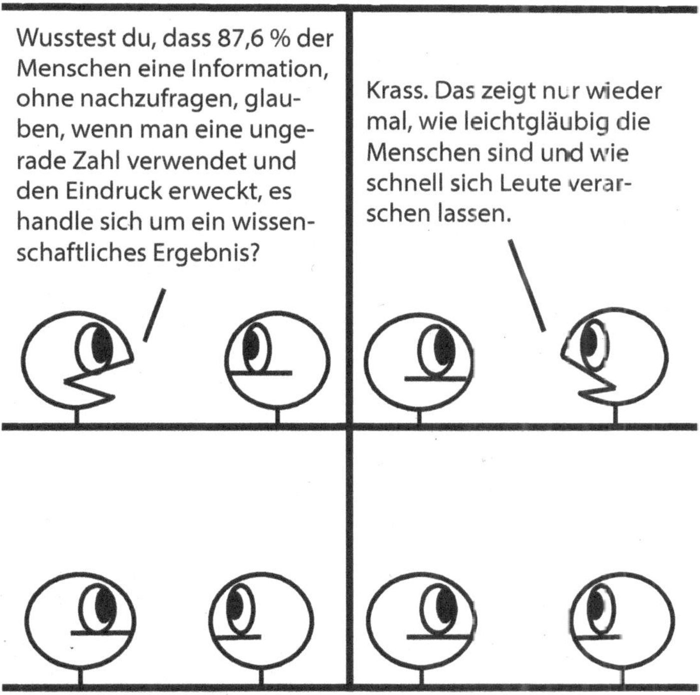
Wusstest du, dass 87,6 % der Menschen eine Information, ohne nachzufragen, glauben, wenn man eine ungerade Zahl verwendet und den Eindruck erweckt, es handle sich um ein wissenschaftliches Ergebnis?
Krass. Das zeigt nur wieder mal, wie leichtgläubig die Menschen sind und wie schnell sich Leute verarschen lassen.

Antikomplimente

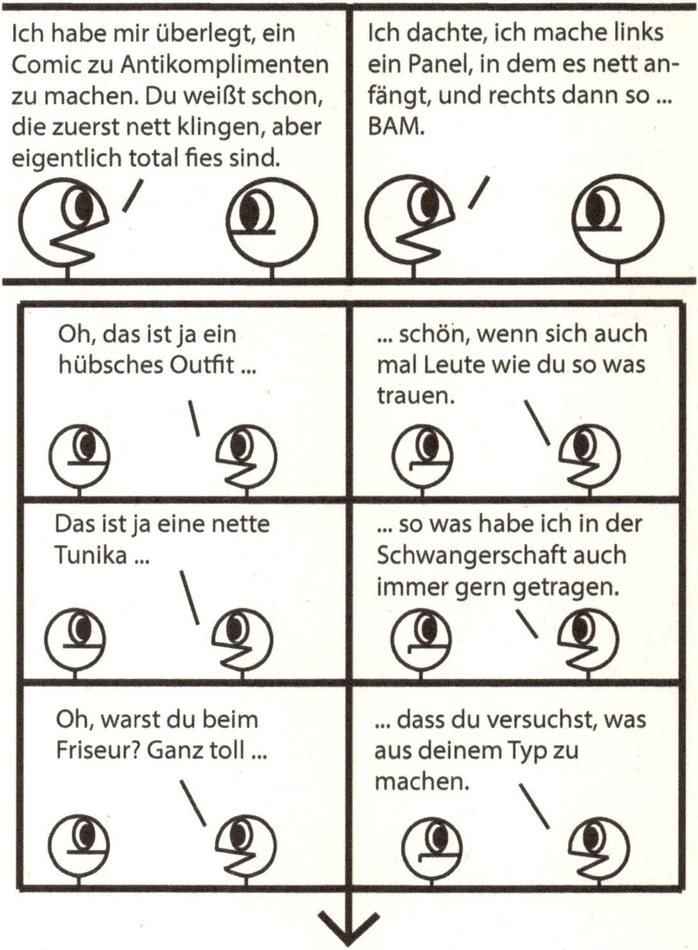
Ich habe mir überlegt, ein Comic zu Antikomplimenten zu machen. Du weißt schon, die zuerst nett klingen, aber eigentlich total fies sind.
Ich dachte, ich mache links ein Panel, in dem es nett anfängt, und rechts dann so ... BAM.
Oh, das ist ja ein hübsches Outfit ...
... schön, wenn sich auch mal Leute wie du so was trauen.
Das ist ja eine nette Tunika ...
... so was habe ich in der Schwangerschaft auch immer gern getragen.
Oh, warst du beim Friseur? Ganz toll ...
... dass du versuchst, was aus deinem Typ zu machen.

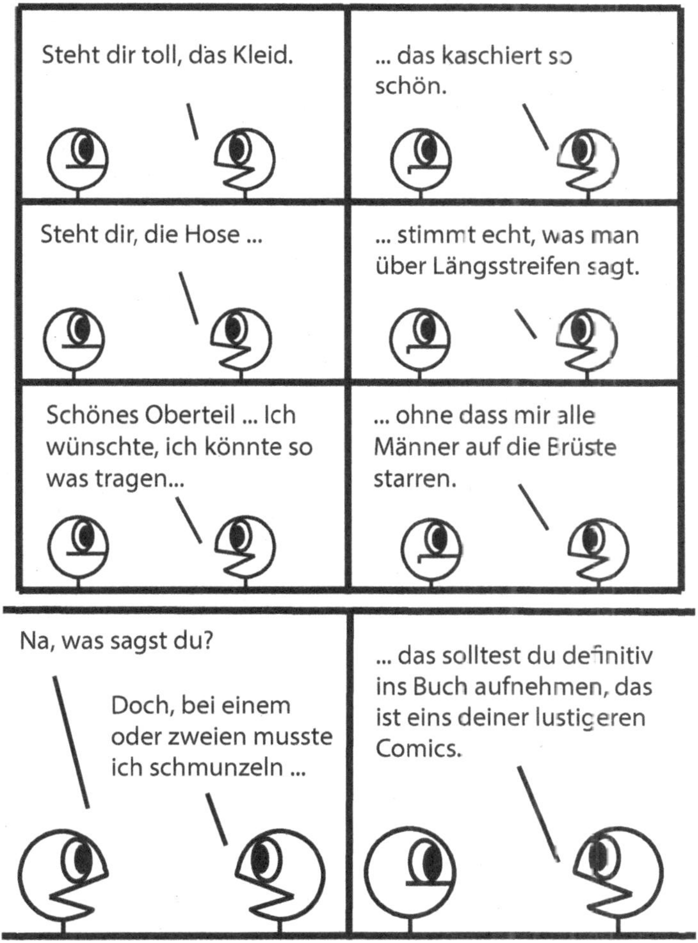
Steht dir toll, das Kleid.
... das kaschiert so schön.
Steht dir, die Hose ...
... stimmt echt, was man über Längsstreifen sagt.
Schönes Oberteil ... Ich wünschte, ich könnte so was tragen...
... ohne dass mir alle Männer auf die Brüste starren.
Na, was sagst du?
Doch, bei einem oder zweien musste ich schmunzeln ...
... das solltest du definitiv ins Buch aufnehmen, das ist eins deiner lustigeren Comics.

Körperlogik

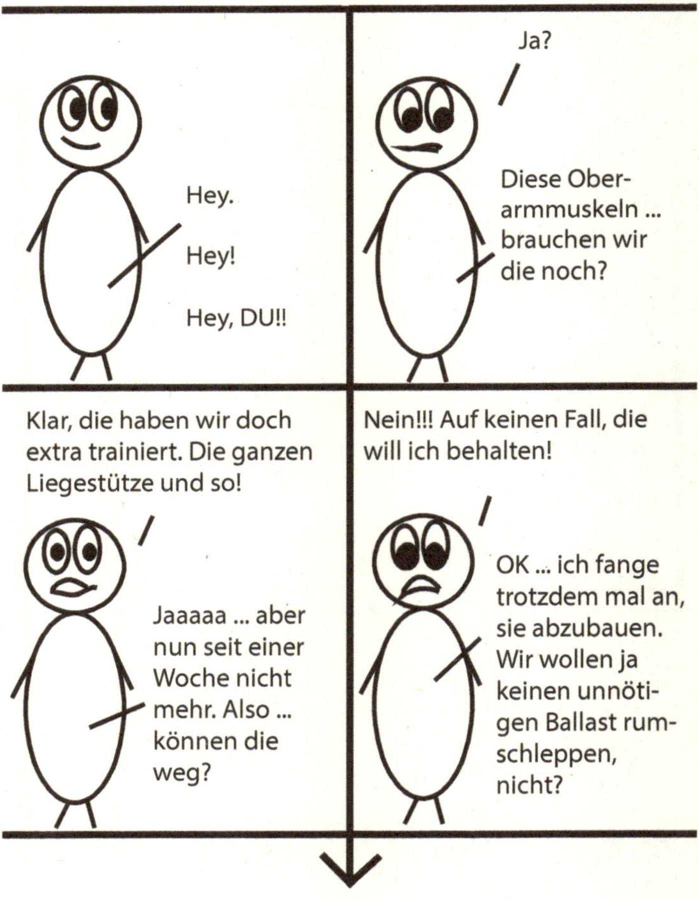
Hey.
Hey!
Hey, DU!!
Ja?
Diese Oberarmmuskeln ... brauchen wir die noch?
Klar, die haben wir doch extra trainiert. Die ganzen Liegestütze und so!
Jaaaaa ... aber nun seit einer Woche nicht mehr. Also ... können die weg?
Nein!!! Auf keinen Fall, die will ich behalten!
OK ... ich fange trotzdem mal an, sie abzubauen. Wir wollen ja keinen unnötigen Ballast rumschleppen, nicht?

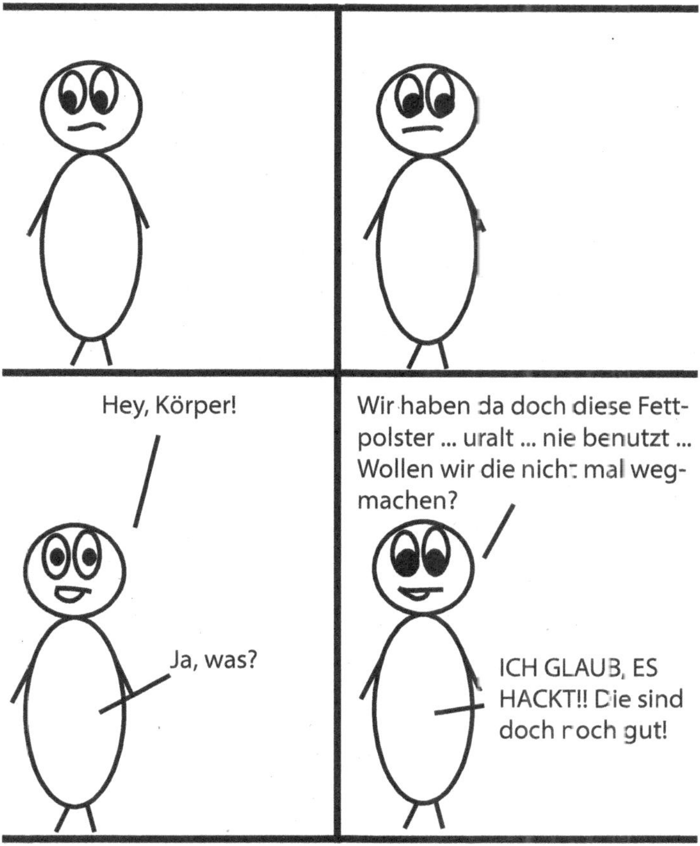
Hey, Körper!
Ja, was?
Wir haben da doch diese Fett-
polster ... uralt ... nie benutzt ...
Wollen wir die nicht mal weg-
machen?
ICH GLAUB, ES
HACKT!! Die sind
doch noch gut!

Sinnsuche

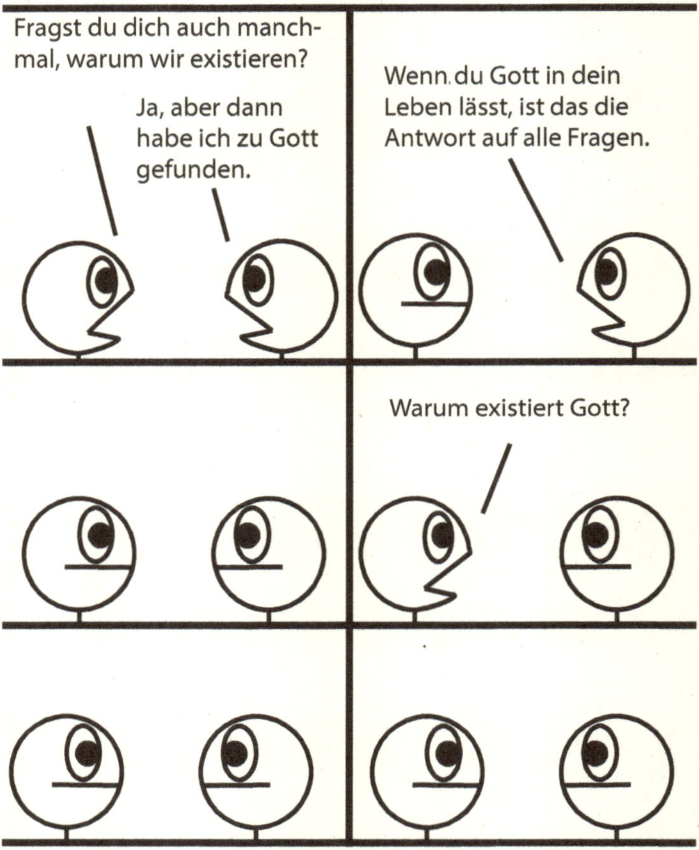
Fragst du dich auch manchmal, warum wir existieren?
Ja, aber dann habe ich zu Gott gefunden.
Wenn du Gott in dein Leben lässt, ist das die Antwort auf alle Fragen.
Warum existiert Gott?

Auch egal

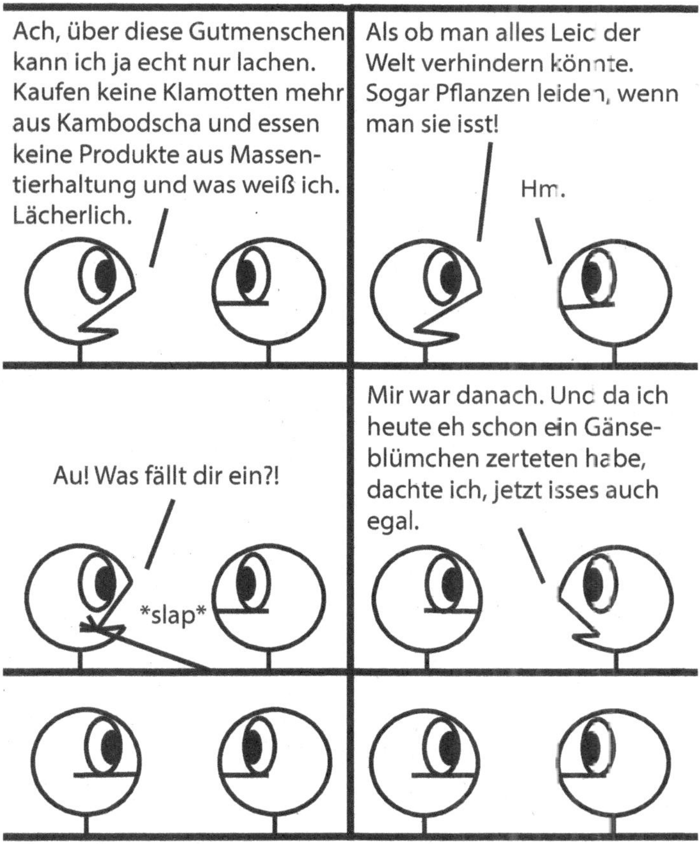

Ach, über diese Gutmenschen kann ich ja echt nur lachen. Kaufen keine Klamotten mehr aus Kambodscha und essen keine Produkte aus Massentierhaltung und was weiß ich. Lächerlich.
Als ob man alles Leid der Welt verhindern könnte. Sogar Pflanzen leiden, wenn man sie isst!
Hm.
Au! Was fällt dir ein?!
slap
Mir war danach. Und da ich heute eh schon ein Gänseblümchen zerteten habe, dachte ich, jetzt isses auch egal.

Vergleich

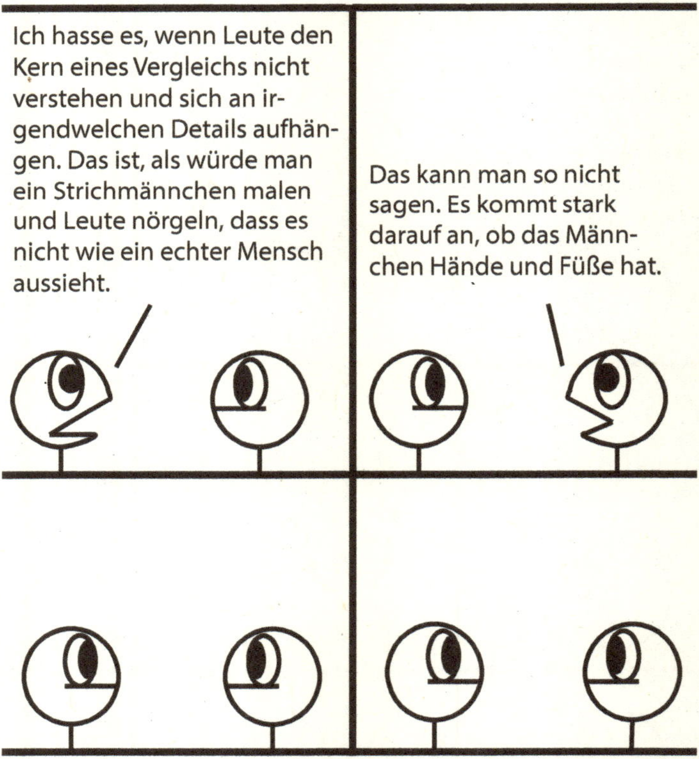
Ich hasse es, wenn Leute den Kern eines Vergleichs nicht verstehen und sich an irgendwelchen Details aufhängen. Das ist, als würde man ein Strichmännchen malen und Leute nörgeln, dass es nicht wie ein echter Mensch aussieht.
Das kann man so nicht sagen. Es kommt stark darauf an, ob das Männchen Hände und Füße hat.

Kampfhunde

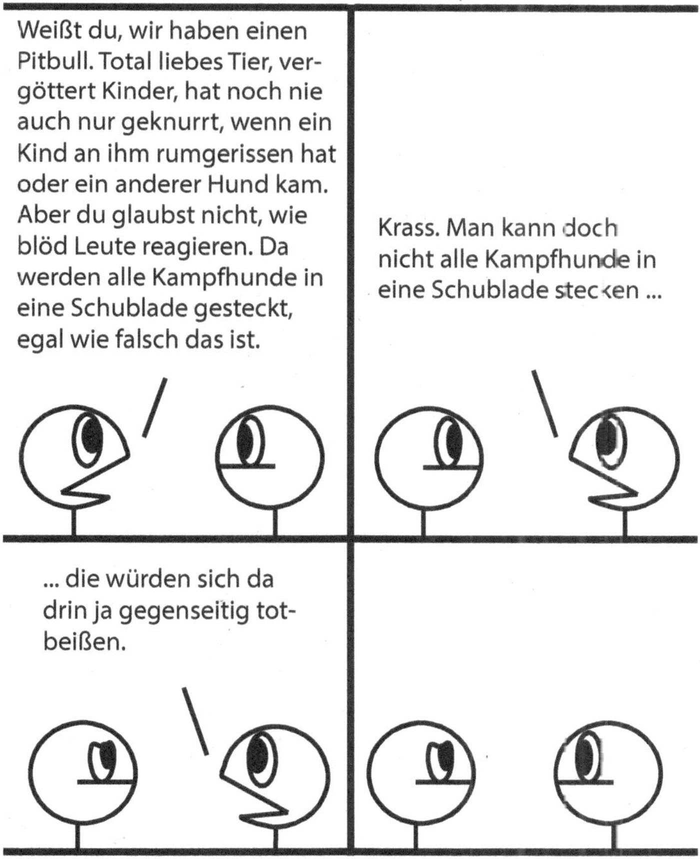
Weißt du, wir haben einen Pitbull. Total liebes Tier, vergöttert Kinder, hat noch nie auch nur geknurrt, wenn ein Kind an ihm rumgerissen hat oder ein anderer Hund kam. Aber du glaubst nicht, wie blöd Leute reagieren. Da werden alle Kampfhunde in eine Schublade gesteckt, egal wie falsch das ist.
Krass. Man kann doch nicht alle Kampfhunde in eine Schublade stecken ...
... die würden sich da drin ja gegenseitig totbeißen.

Endlich

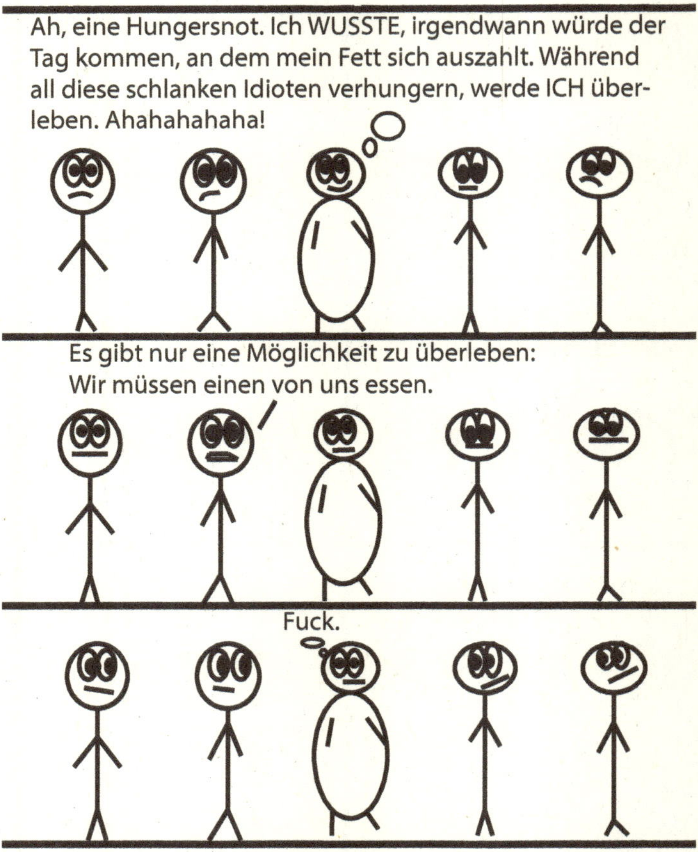
Ah, eine Hungersnot. Ich WUSSTE, irgendwann würde der Tag kommen, an dem mein Fett sich auszahlt. Während all diese schlanken Idioten verhungern, werde ICH überleben. Ahahahahaha!
Es gibt nur eine Möglichkeit zu überleben: Wir müssen einen von uns essen.
Fuck.

Körperbild

FRAUEN MIT GUTEM KÖRPERBILD

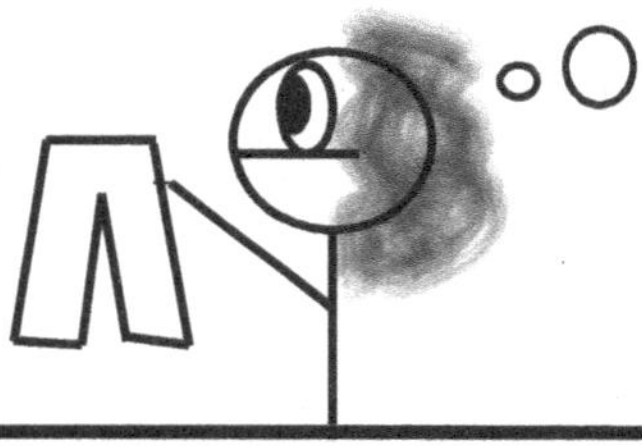
Passt nicht. Ich probiere sie mal eine Nummer größer.

FRAUEN MIT SCHLECHTEM KÖRPERBILD

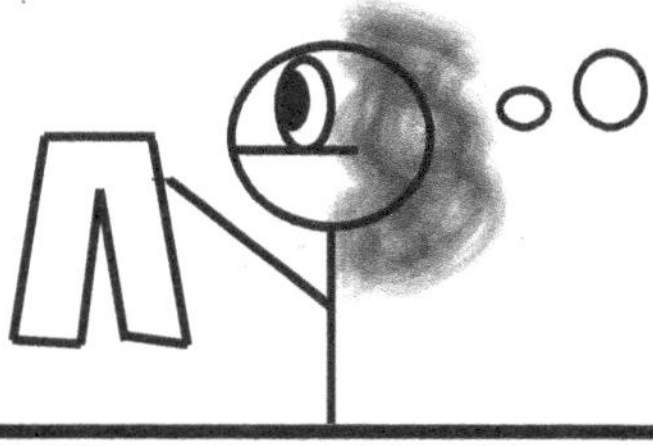
Oh Gott, sie passt nicht, ich bin so fett, ich hasse meinen Hintern!

FRAUEN, DIE GLAUBEN, SIE HÄTTEN EIN GUTES KÖRPERBILD

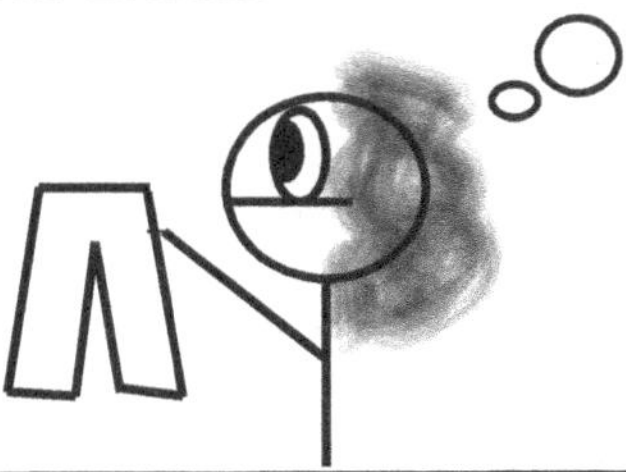
Da passt doch keine richtige Frau rein, eine echte Frau hat Kurven und ist nicht gebaut wie ein kleiner Junge! Wenigstens bin ich kein mageres Gerippe!

Integrative Schulmedizin

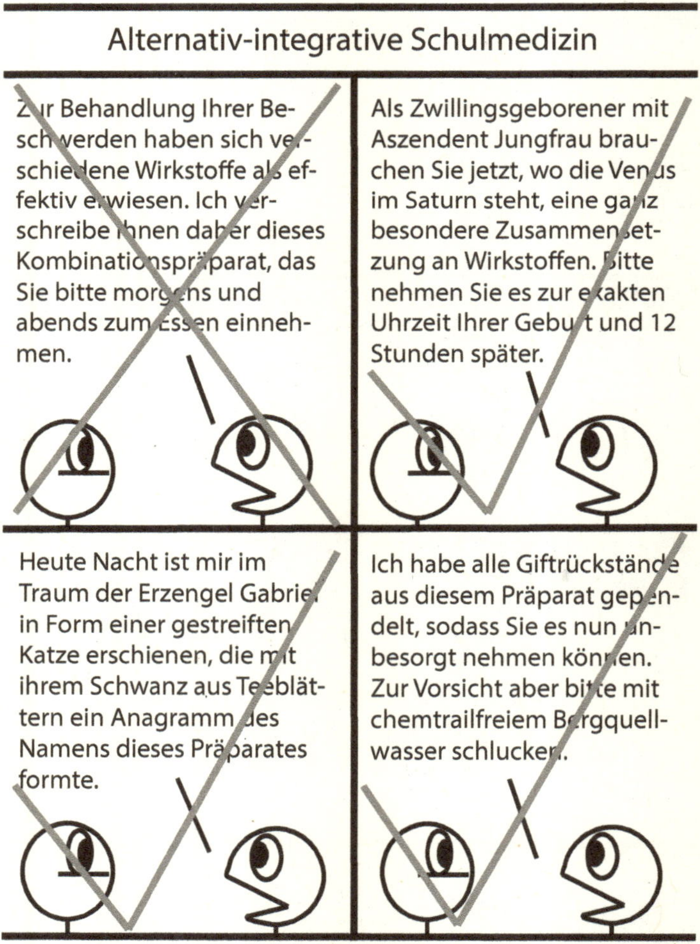
Alternativ-integrative Schulmedizin
Zur Behandlung Ihrer Beschwerden haben sich verschiedene Wirkstoffe als effektiv erwiesen. Ich verschreibe Ihnen daher dieses Kombinationspräparat, das Sie bitte morgens und abends zum Essen einnehmen.
Als Zwillingsgeborener mit Aszendent Jungfrau brauchen Sie jetzt, wo die Venus im Saturn steht, eine ganz besondere Zusammensetzung an Wirkstoffen. Bitte nehmen Sie es zur exakten Uhrzeit Ihrer Geburt und 12 Stunden später.
Heute Nacht ist mir im Traum der Erzengel Gabriel in Form einer gestreiften Katze erschienen, die mit ihrem Schwanz aus Teeblättern ein Anagramm des Namens dieses Präparates formte.
Ich habe alle Giftrückstände aus diesem Präparat gependelt, sodass Sie es nun unbesorgt nehmen können. Zur Vorsicht aber bitte mit chemtrailfreiem Bergquellwasser schlucken.

Globuli

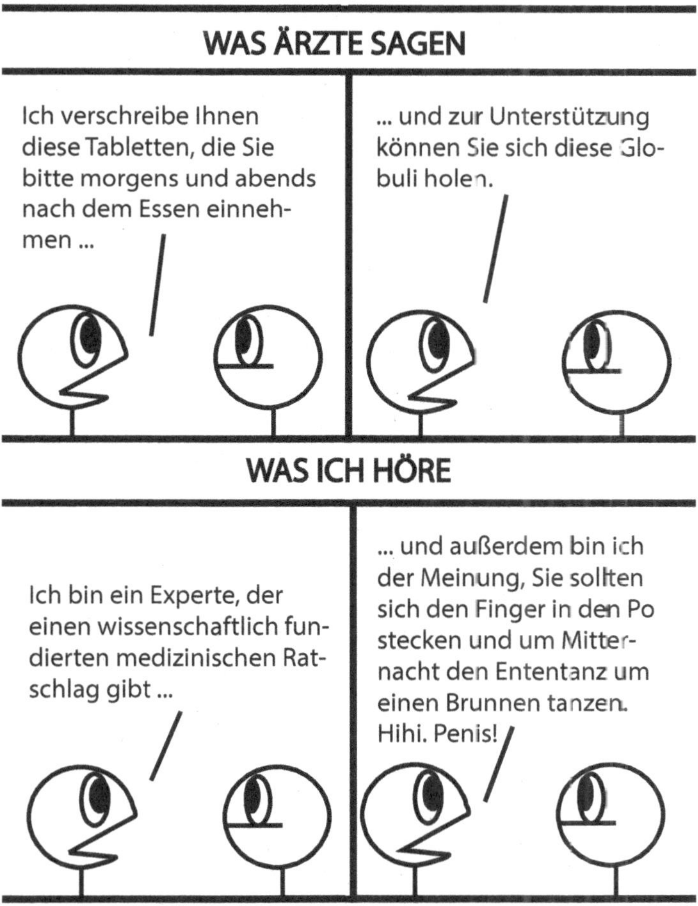
WAS ÄRZTE SAGEN
Ich verschreibe Ihnen diese Tabletten, die Sie bitte morgens und abends nach dem Essen einnehmen ...
... und zur Unterstützung können Sie sich diese Globuli holen.
WAS ICH HÖRE
Ich bin ein Experte, der einen wissenschaftlich fundierten medizinischen Ratschlag gibt ...
... und außerdem bin ich der Meinung, Sie sollten sich den Finger in den Po stecken und um Mitternacht den Ententanz um einen Brunnen tanzen. Hihi. Penis!

Fußball

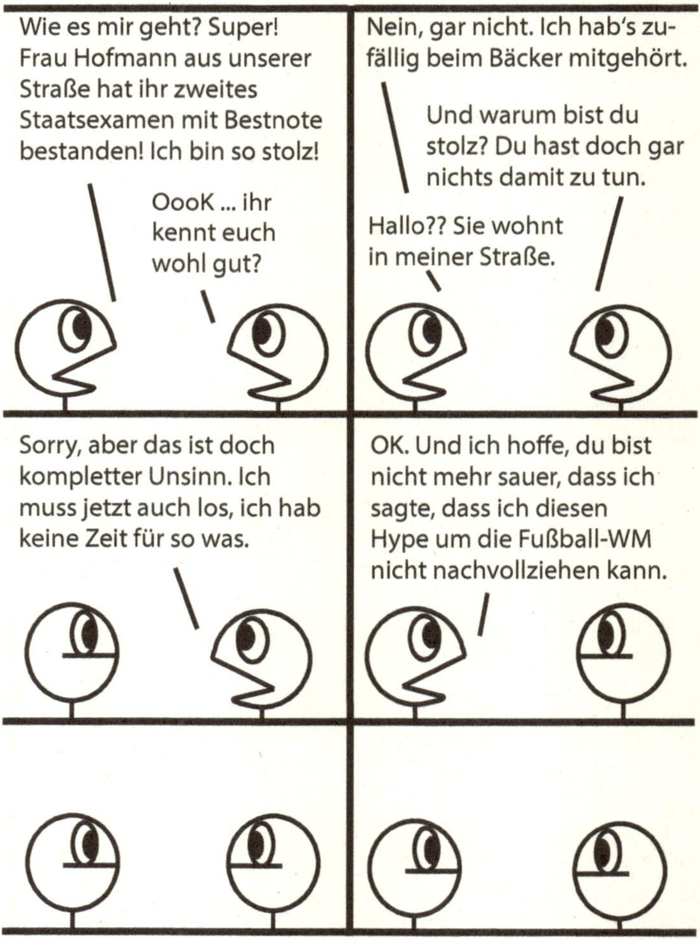
Wie es mir geht? Super! Frau Hofmann aus unserer Straße hat ihr zweites Staatsexamen mit Bestnote bestanden! Ich bin so stolz!
OooK ... ihr kennt euch wohl gut?
Nein, gar nicht. Ich hab's zufällig beim Bäcker mitgehört.
Und warum bist du stolz? Du hast doch gar nichts damit zu tun.
Hallo?? Sie wohnt in meiner Straße.
Sorry, aber das ist doch kompletter Unsinn. Ich muss jetzt auch los, ich hab keine Zeit für so was.
OK. Und ich hoffe, du bist nicht mehr sauer, dass ich sagte, dass ich diesen Hype um die Fußball-WM nicht nachvollziehen kann.

Im Alter

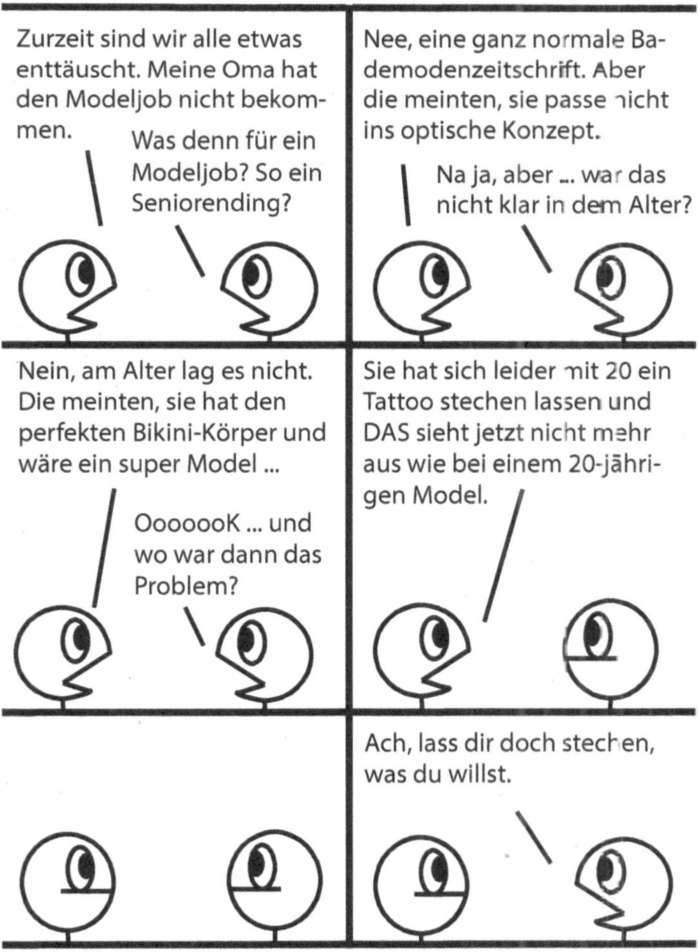
Zurzeit sind wir alle etwas enttäuscht. Meine Oma hat den Modeljob nicht bekommen.
Was denn für ein Modeljob? So ein Seniorending?
Nee, eine ganz normale Bademodenzeitschrift. Aber die meinten, sie passe nicht ins optische Konzept.
Na ja, aber ... war das nicht klar in dem Alter?
Nein, am Alter lag es nicht. Die meinten, sie hat den perfekten Bikini-Körper und wäre ein super Model ...
OooooK ... und wo war dann das Problem?
Sie hat sich leider mit 20 ein Tattoo stechen lassen und DAS sieht jetzt nicht mehr aus wie bei einem 20-jährigen Model.
Ach, lass dir doch stechen, was du willst.

Scheiße

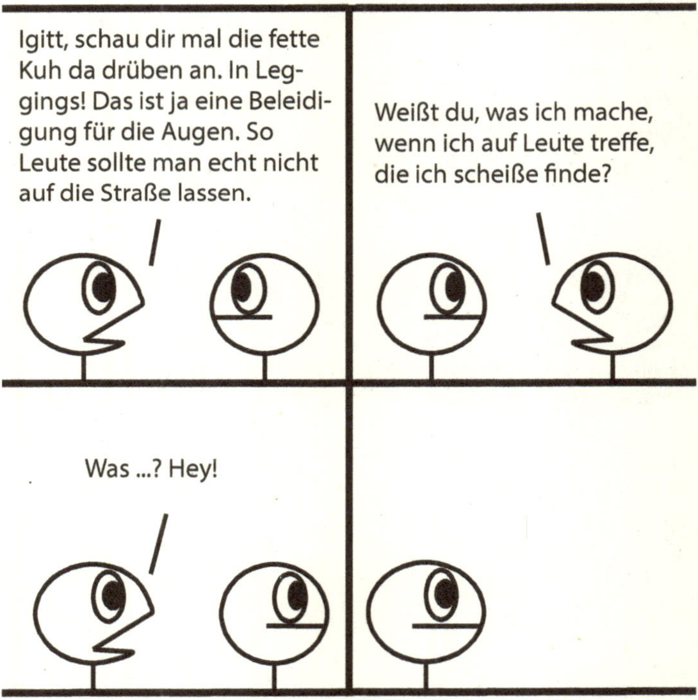
Igitt, schau dir mal die fette Kuh da drüben an. In Leggings! Das ist ja eine Beleidigung für die Augen. So Leute sollte man echt nicht auf die Straße lassen.
Weißt du, was ich mache, wenn ich auf Leute treffe, die ich scheiße finde?
Was ...? Hey!

Sokrates

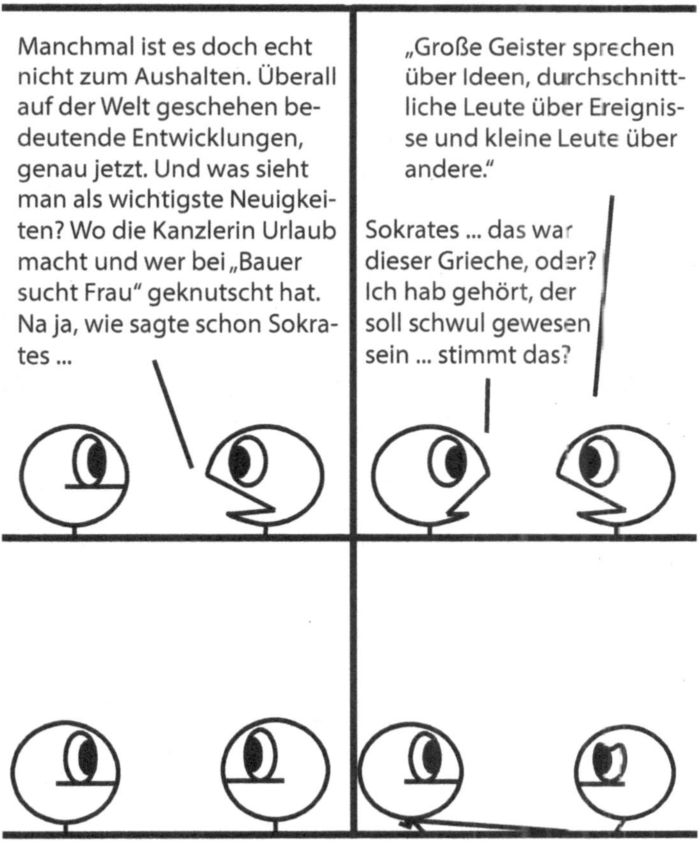
Manchmal ist es doch echt nicht zum Aushalten. Überall auf der Welt geschehen bedeutende Entwicklungen, genau jetzt. Und was sieht man als wichtigste Neuigkeiten? Wo die Kanzlerin Urlaub macht und wer bei „Bauer sucht Frau" geknutscht hat. Na ja, wie sagte schon Sokrates ...
„Große Geister sprechen über Ideen, durchschnittliche Leute über Ereignisse und kleine Leute über andere."
Sokrates ... das war dieser Grieche, oder? Ich hab gehört, der soll schwul gewesen sein ... stimmt das?

Flach

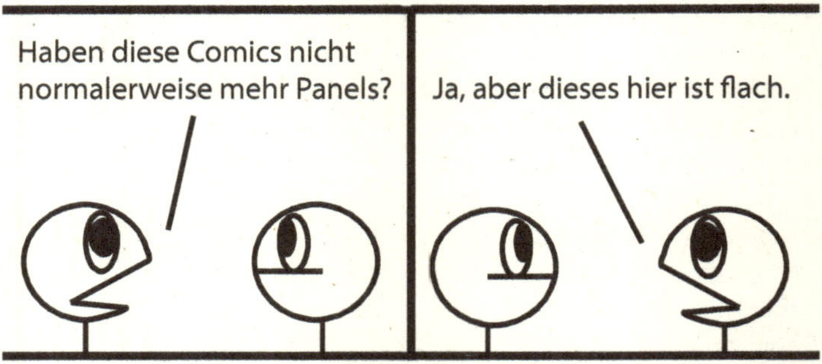
Haben diese Comics nicht normalerweise mehr Panels?
Ja, aber dieses hier ist flach.

Lasagne

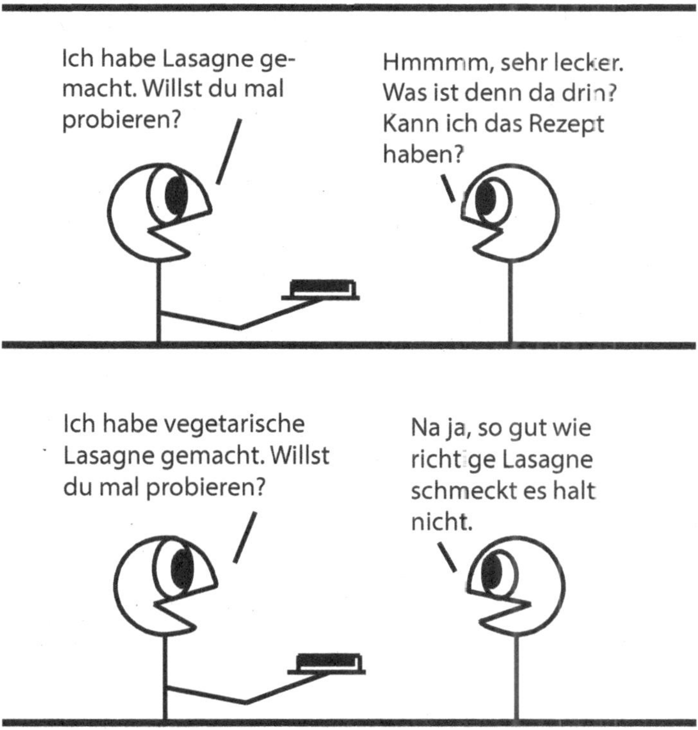
Ich habe Lasagne gemacht. Willst du mal probieren?
Hmmmm, sehr lecker. Was ist denn da drin? Kann ich das Rezept haben?
Ich habe vegetarische Lasagne gemacht. Willst du mal probieren?
Na ja, so gut wie richtige Lasagne schmeckt es halt nicht.

Männer-Fat-Acceptance

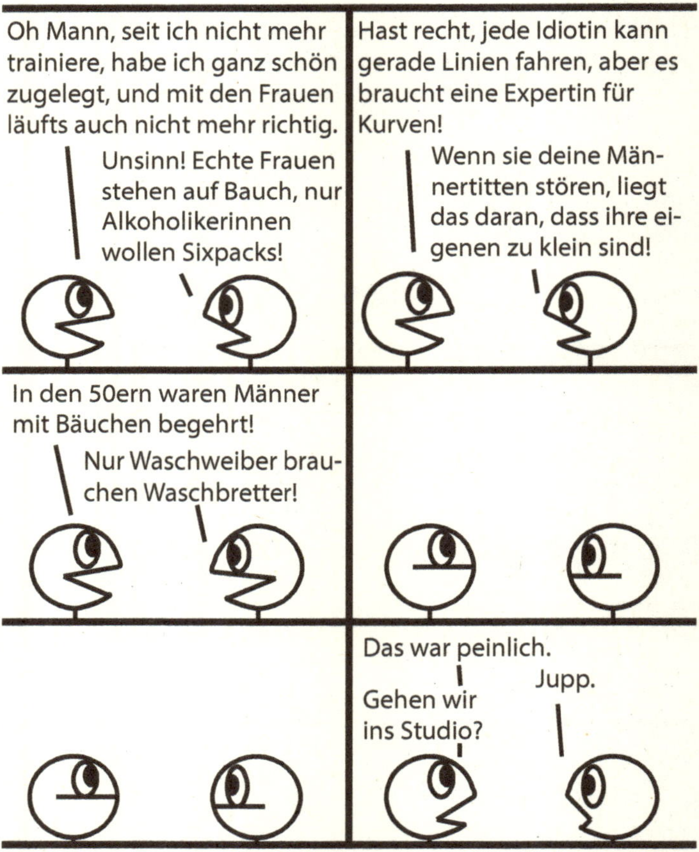
Oh Mann, seit ich nicht mehr trainiere, habe ich ganz schön zugelegt, und mit den Frauen läufts auch nicht mehr richtig.
Unsinn! Echte Frauen stehen auf Bauch, nur Alkoholikerinnen wollen Sixpacks!
Hast recht, jede Idiotin kann gerade Linien fahren, aber es braucht eine Expertin für Kurven!
Wenn sie deine Männertitten stören, liegt das daran, dass ihre eigenen zu klein sind!
In den 50ern waren Männer mit Bäuchen begehrt!
Nur Waschweiber brauchen Waschbretter!
Das war peinlich.
Jupp.
Gehen wir ins Studio?

BMI-Bullshit

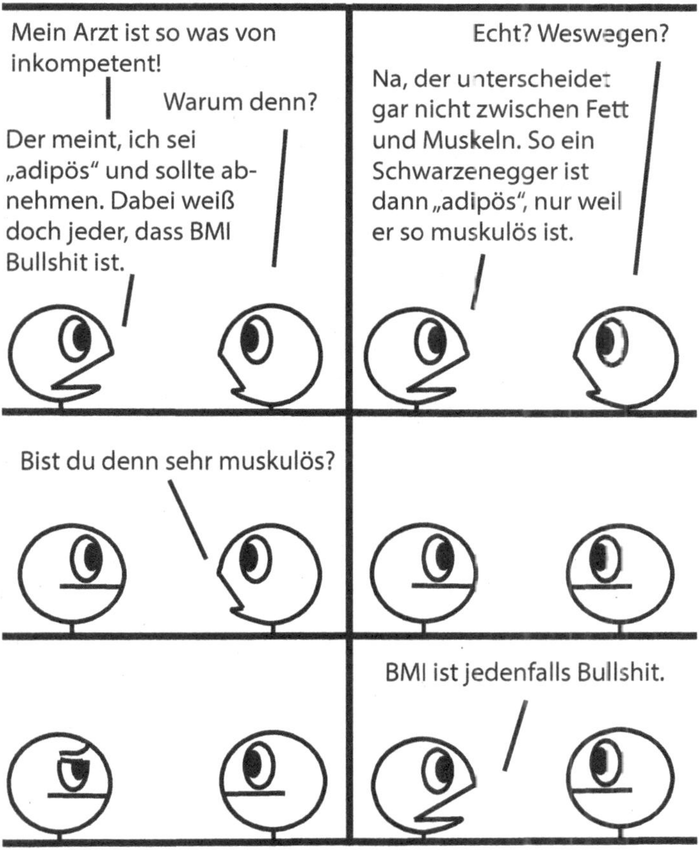

Mein Arzt ist so was von inkompetent!
Warum denn?
Der meint, ich sei „adipös" und sollte abnehmen. Dabei weiß doch jeder, dass BMI Bullshit ist.
Echt? Weswegen?
Na, der unterscheidet gar nicht zwischen Fett und Muskeln. So ein Schwarzenegger ist dann „adipös", nur weil er so muskulös ist.
Bist du denn sehr muskulös?
BMI ist jedenfalls Bullshit.

Antwort auf alles

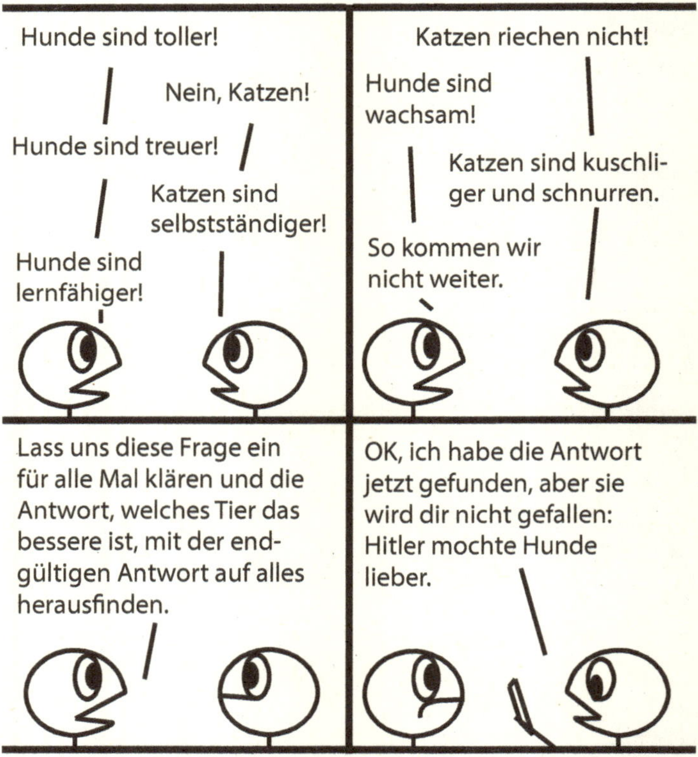
Hunde sind toller!
Nein, Katzen!
Hunde sind treuer!
Katzen sind selbstständiger!
Hunde sind lernfähiger!
Katzen riechen nicht!
Hunde sind wachsam!
Katzen sind kuschliger und schnurren.
So kommen wir nicht weiter.
Lass uns diese Frage ein für alle Mal klären und die Antwort, welches Tier das bessere ist, mit der endgültigen Antwort auf alles herausfinden.
OK, ich habe die Antwort jetzt gefunden, aber sie wird dir nicht gefallen: Hitler mochte Hunde lieber.

Mario Barth

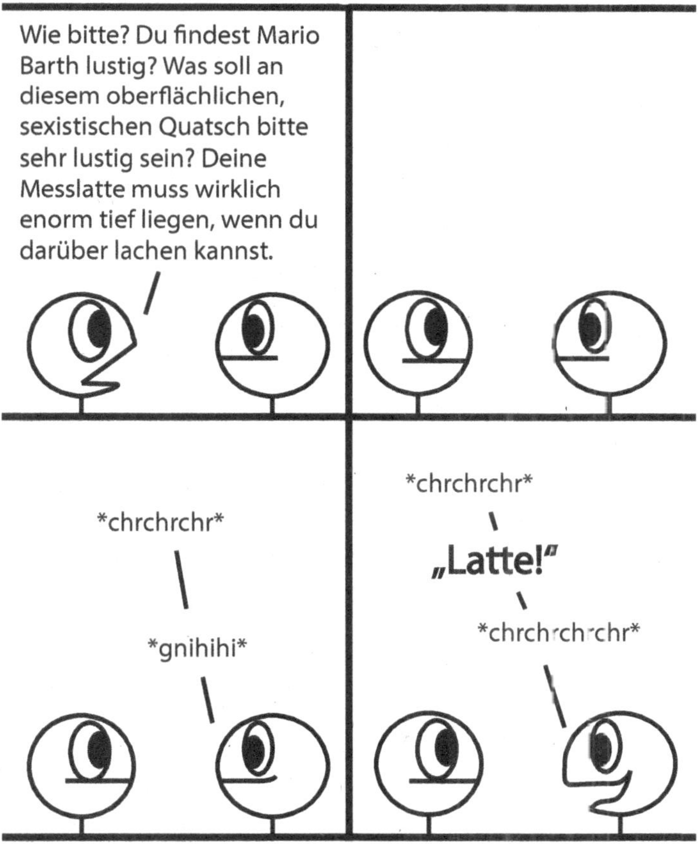
Wie bitte? Du findest Mario Barth lustig? Was soll an diesem oberflächlichen, sexistischen Quatsch bitte sehr lustig sein? Deine Messlatte muss wirklich enorm tief liegen, wenn du darüber lachen kannst.
chrchrchr
gnihihi
chrchrchr
„Latte!“
chrchrchrchr

Vegetarier

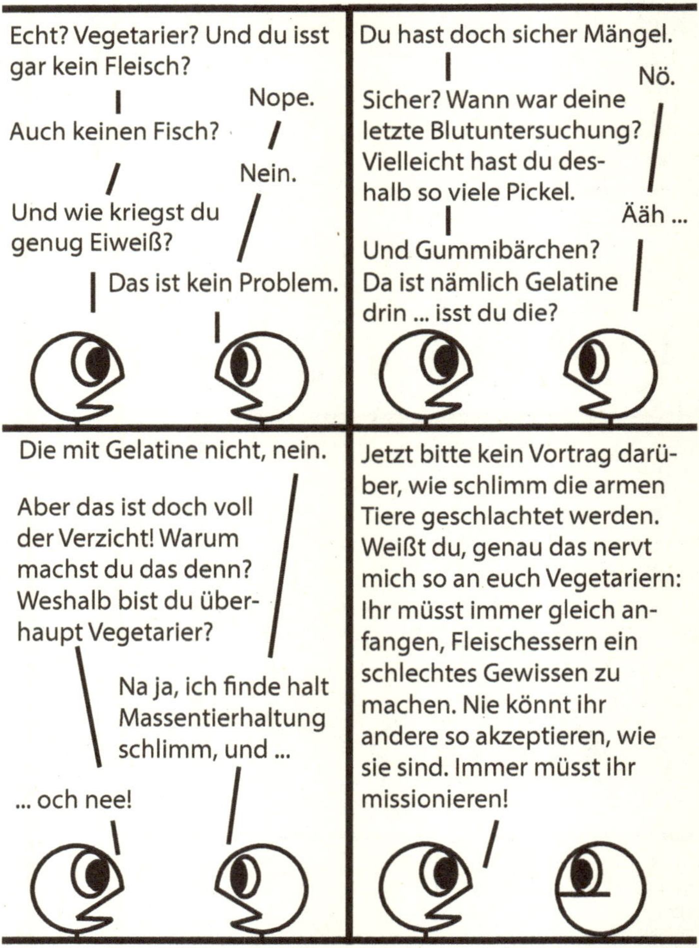

Echt? Vegetarier? Und du isst gar kein Fleisch?
Nope.
Auch keinen Fisch?
Nein.
Und wie kriegst du genug Eiweiß?
Das ist kein Problem.
Du hast doch sicher Mängel.
Nö.
Sicher? Wann war deine letzte Blutuntersuchung? Vielleicht hast du deshalb so viele Pickel.
Ääh ...
Und Gummibärchen? Da ist nämlich Gelatine drin ... isst du die?
Die mit Gelatine nicht, nein.
Aber das ist doch voll der Verzicht! Warum machst du das denn? Weshalb bist du überhaupt Vegetarier?
Na ja, ich finde halt Massentierhaltung schlimm, und ...
... och nee!
Jetzt bitte kein Vortrag darüber, wie schlimm die armen Tiere geschlachtet werden. Weißt du, genau das nervt mich so an euch Vegetariern: Ihr müsst immer gleich anfangen, Fleischessern ein schlechtes Gewissen zu machen. Nie könnt ihr andere so akzeptieren, wie sie sind. Immer müsst ihr missionieren!

Glaube

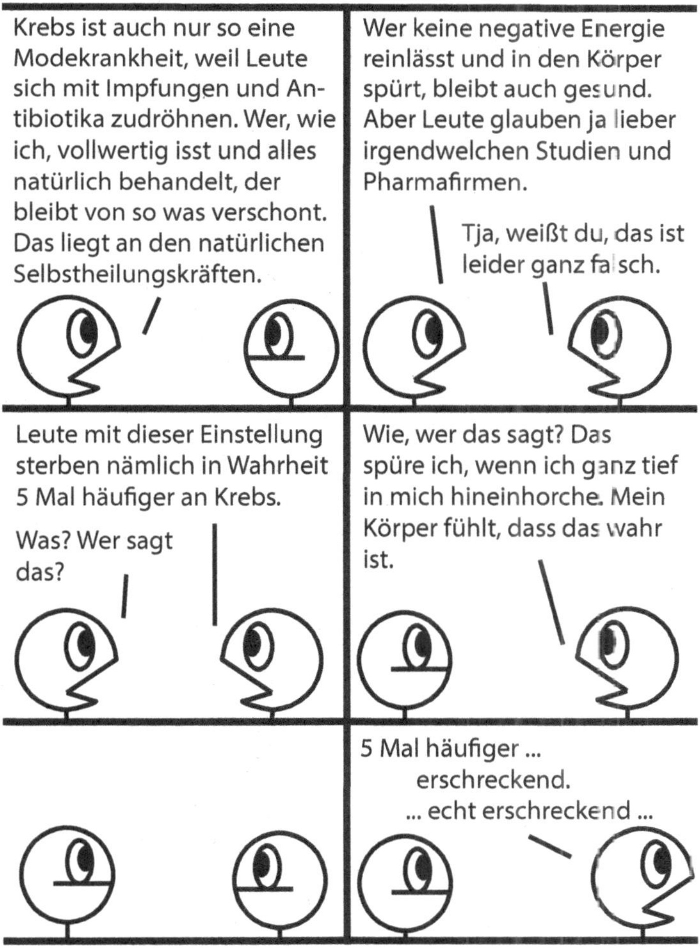
Krebs ist auch nur so eine Modekrankheit, weil Leute sich mit Impfungen und Antibiotika zudröhnen. Wer, wie ich, vollwertig isst und alles natürlich behandelt, der bleibt von so was verschont. Das liegt an den natürlichen Selbstheilungskräften.
Wer keine negative Energie reinlässt und in den Körper spürt, bleibt auch gesund. Aber Leute glauben ja lieber irgendwelchen Studien und Pharmafirmen.
Tja, weißt du, das ist leider ganz falsch.
Leute mit dieser Einstellung sterben nämlich in Wahrheit 5 Mal häufiger an Krebs.
Was? Wer sagt das?
Wie, wer das sagt? Das spüre ich, wenn ich ganz tief in mich hineinhorche. Mein Körper fühlt, dass das wahr ist.
5 Mal häufiger ...
erschreckend.
... echt erschreckend ...

Schokolade

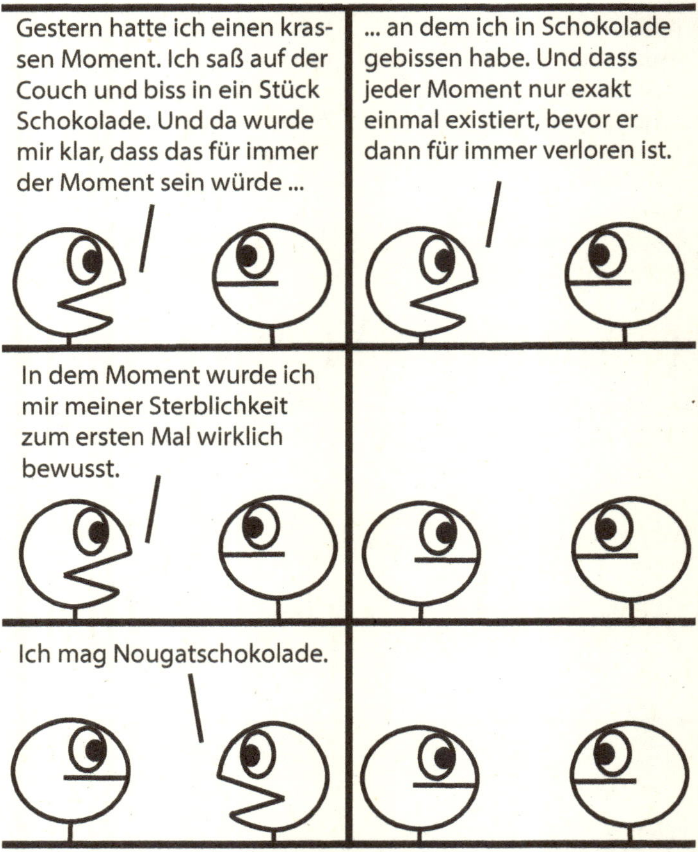
Gestern hatte ich einen krassen Moment. Ich saß auf der Couch und biss in ein Stück Schokolade. Und da wurde mir klar, dass das für immer der Moment sein würde ...
... an dem ich in Schokolade gebissen habe. Und dass jeder Moment nur exakt einmal existiert, bevor er dann für immer verloren ist.
In dem Moment wurde ich mir meiner Sterblichkeit zum ersten Mal wirklich bewusst.
Ich mag Nougatschokolade.

Kuchen

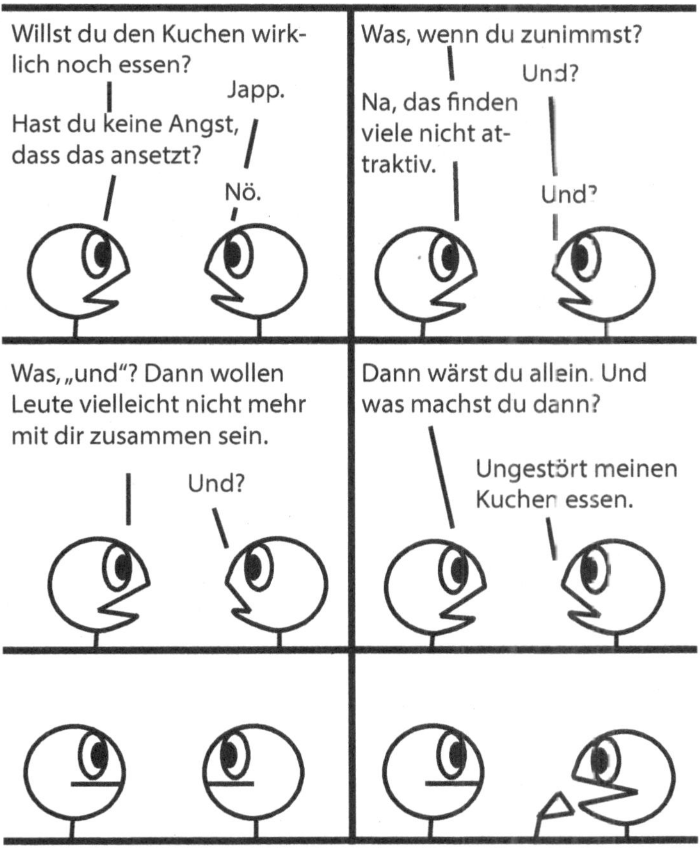
Willst du den Kuchen wirklich noch essen?
Japp.
Hast du keine Angst, dass das ansetzt?
Nö.
Was, wenn du zunimmst?
Und?
Na, das finden viele nicht attraktiv.
Und?
Was, „und"? Dann wollen Leute vielleicht nicht mehr mit dir zusammen sein.
Und?
Dann wärst du allein. Und was machst du dann?
Ungestört meinen Kuchen essen.

Weight Watchers

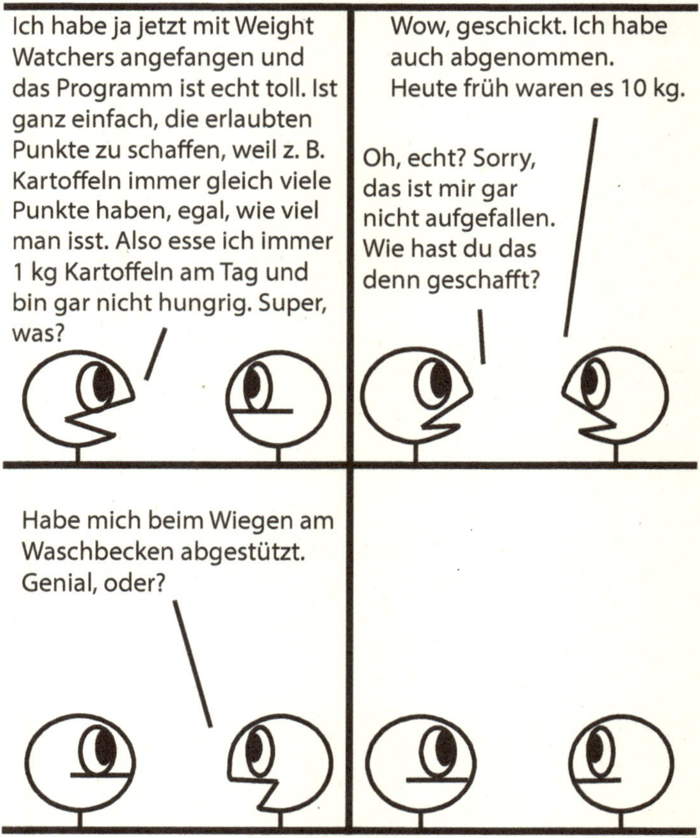
Ich habe ja jetzt mit Weight Watchers angefangen und das Programm ist echt toll. Ist ganz einfach, die erlaubten Punkte zu schaffen, weil z. B. Kartoffeln immer gleich viele Punkte haben, egal, wie viel man isst. Also esse ich immer 1 kg Kartoffeln am Tag und bin gar nicht hungrig. Super, was?
Wow, geschickt. Ich habe auch abgenommen. Heute früh waren es 10 kg.
Oh, echt? Sorry, das ist mir gar nicht aufgefallen. Wie hast du das denn geschafft?
Habe mich beim Wiegen am Waschbecken abgestützt. Genial, oder?

Lieber dick

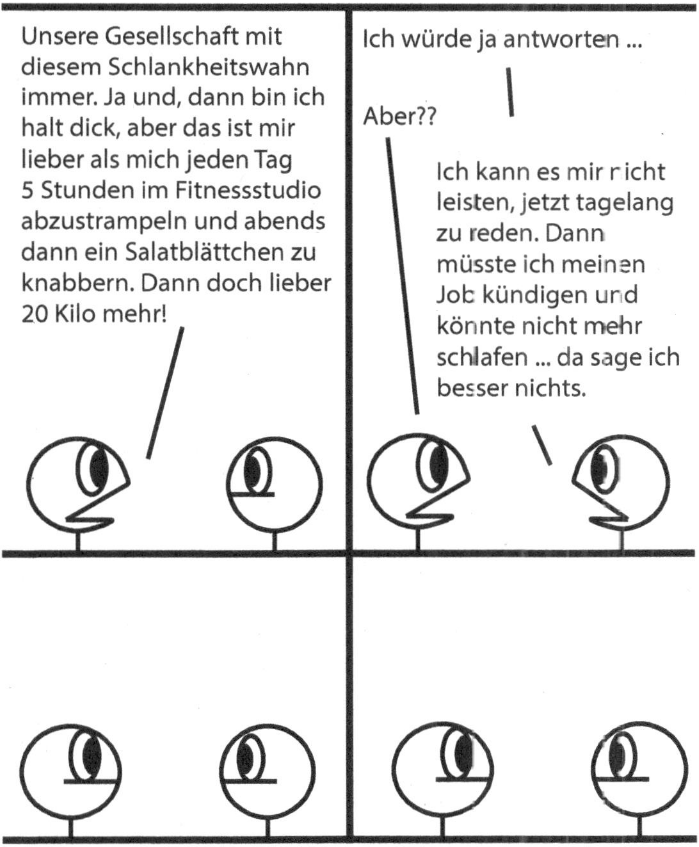
Unsere Gesellschaft mit diesem Schlankheitswahn immer. Ja und, dann bin ich halt dick, aber das ist mir lieber als mich jeden Tag 5 Stunden im Fitnessstudio abzustrampeln und abends dann ein Salatblättchen zu knabbern. Dann doch lieber 20 Kilo mehr!
Ich würde ja antworten ...
Aber??
Ich kann es mir nicht leisten, jetzt tagelang zu reden. Dann müsste ich meinen Job kündigen und könnte nicht mehr schlafen ... da sage ich besser nichts.